Das Alphabet

		名称	音価					名称	音価	
A	a	[aː]	[aː]	[a]		Ä	ä	[ɛː]	[ɛː]	[ɛ]
B	b	[beː]	[b]	[p]						
C	c	[tseː]	[k]							
D	d	[deː]	[d]	[t]						
E	e	[eː]	[eː] [ɛ] [ə]							
F	f	[ɛf]	[f]							
G	g	[geː]	[g] [k]							
H	h	[haː]	[h] [ː]							
I	i	[iː]	[iː] [i] [ɪ]							
J	j	[jɔt]	[j]							
K	k	[kaː]	[k]							
L	l	[ɛl]	[l]							
M	m	[ɛm]	[m]							
N	n	[ɛn]	[n]							
O	o	[oː]	[oː] [ɔ]		Ö	ö	[øː]	[øː]	[œ]
P	p	[peː]	[p]							
Q	q	[kuː]	[kv] (← qu)							
R	r	[ɛr]	[r]							
S	s	[ɛs]	[s] [z]							
T	t	[teː]	[t]							
U	u	[uː]	[uː] [ʊ]		Ü	ü	[yː]	[yː]	[ʏ]
V	v	[faʊ]	[f] まれに [v]							
W	w	[veː]	[v]							
X	x	[ɪks]	[ks]							
Y	y	[ýpsilɔn]	[yː] [ʏ]							
Z	z	[tsɛt]	[ts]							
	ß	[ɛstsɛ́t]	[s]							

HAKUSUISHA

―― 音声ダウンロード ――

付属CDと同じ内容を、白水社ホームページ（http://www.hakusuisha.co.jp/download/）からダウンロードすることができます。（お問い合わせ先：text@hakusuisha.co.jp）

吹込者： Marei Mentlein, Thomas Meyer
吹込箇所：発音, キーセンテンス, 例文, Warm-up, Dialog, Übungen, 表現＋α

イラスト　鹿野理恵子
装丁・本文レイアウト　森デザイン室

はじめに

　本書はご覧の通り初めてドイツ語を学ぶ人のための教科書です．読む・書く・聞く・話す力がバランスよく身につくように工夫してありますが，標準的な文法体系に沿って構成されている本書は，どちらかといえばオーソドックスなタイプの教科書に分類されるでしょう．とはいえ，見知らぬ外国語をシャワーのように浴びる余裕のない一般的な学習者にとって，何といっても文法は効率よく外国語をマスターするための最大の武器です．外国語学習に王道なし——そうした観点から本書は，奇をてらわず正攻法のアプローチをとっています．

　もっとも「正攻法」というのは，見通しの悪い道をやみくもに突き進むしかない，という意味ではありません．どんなに厄介な行路でも，合理的なルートは確実に存在します．本書がめざしたのは，すでに先人によって切り拓かれたルートを足がかりにしながら，さらによりよいルートを開拓し，学習者に使い勝手のよい地図，最良のルートを一望で見渡せる〈パノラマ〉を提供することです．本書の工夫はおおむね以下のような点にあります．

(1) 基本的な事項（幹）と例外的・発展的な事項（枝葉）を区分した．
　基本事項と例外事項とを別立てにすることで，基本事項が例外に埋もれないようにした．
(2) 基本事項を見開き（パノラマ形式）でまとめて，一覧性を高めた．
　「幹」にあたる基本的な事項は，一目でポイントがわかる〈パノラマ形式〉で整理した．
(3) 対話形式のテキストは，一息で読めるコンパクトな分量に抑えた．
　集中力を無理なく持続できる適量のなかに，実際に使えるフレーズや語法を織り込んだ．
(4) 文章を作るトレーニングを重視して，段階別の練習問題を配した．
　無理なくステップを踏みながら，平易なドイツ語を自分で発信することに目標を置いた．
(5) 受動学習（聞く・読む）と能動学習（書く・話す）を連携させた．
　テキストを聞く・読む練習と簡単な文章を書く・話す練習が，有機的に絡むよう配慮した．
(6) 使用する語彙を絞り込み，ベーシックな語は繰り返し取り上げた．
　できるだけ基本的な単語を頻繁に使用し，反復をつうじて基礎語の確実な定着を図った．

　本書の初版は5年前，改訂版は3年前に刊行されました．この間，思いのほか多くの教室で採用され望外の高い評価をいただきましたが，今回，より使いやすい教科書をめざして，ふたたび版を改めることになりました．本書の基本フォーマットは維持しつつ，練習問題や対話テクスト等を可能なかぎり改訂し，図解や例文もよりわかりやすいものにしようと努めたつもりです．ドイツ語を初めて学ぶみなさんが，本書のナビゲーションに導かれながら，着実にドイツ語学習の歩を進めていってくださることを，著者としては心より願っています．

2018年 春

著 者

目次

はじめに 3
ドイツ基本情報 6

LEKTION 0 **Aussprache** 7
発音 ＊挨拶の表現　＊アルファベット　＊発音の原則　＊母音の発音　＊子音の発音

LEKTION 1 **Was lernst du? — Ich lerne Japanisch.** 10
GRAMMATIK 動詞の現在人称変化
　　　　　＊動詞の現在人称変化　＊定動詞第2位の原則　＊sein の現在人称変化
DIALOG 出会いと自己紹介

LEKTION 2 **Hast du Geschwister? — Ja, ich habe einen Bruder.** 14
GRAMMATIK 名詞の性／冠詞の格変化
　　　　　＊名詞の性と格　＊定冠詞・不定冠詞の格変化　＊haben の現在人称変化
DIALOG 家族について尋ねる

LEKTION 3 **Wann fährst du nach München? — Um 7 Uhr.** 18
GRAMMATIK 不規則変化動詞／命令形
　　　　　＊不規則な現在人称変化：①a→ä型　②e→i/e→ie型　＊命令形
DIALOG 明日の予定を尋ねる

LEKTION 4 **Welche Uhr kaufst du? — Ich kaufe diese Uhr.** 22
GRAMMATIK 定冠詞類・不定冠詞類
　　　　　＊定冠詞類の格変化　＊不定冠詞類の格変化　＊所有冠詞
DIALOG 買い物に行く（1）

LEKTION 5 **Kaufst du diese Bücher? — Ja, ich kaufe sie.** 26
GRAMMATIK 複数形／人称代名詞
　　　　　＊名詞の複数形　＊人称代名詞の格変化　＊3格・4格の語順
DIALOG 買い物に行く（2）

LEKTION 6 **Was machst du an diesem Wochenende? — Ich gehe ins Kino.** ... 30
GRAMMATIK 前置詞の格支配
　　　　　＊2格／3格／4格支配　＊3・4格支配　＊前置詞と定冠詞の融合形
DIALOG 週末の予定を尋ねる

LEKTION 7 **Was liest du gern? — Ich lese gern japanische Literatur.** 34
GRAMMATIK 形容詞の格変化
　　　　　＊無冠詞型　＊定冠詞（類）＋形容詞型　＊不定冠詞（類）＋形容詞型
DIALOG 趣味について尋ねる

単語＋α　①日常単語　（食料／飲料／野菜・果物／食器・器具／身体／衣服／住居・家具） 38
　　　　②基本単語　（季節・月名／曜日・時間帯／方位・方角／頻度／程度／確信・推測） 40
　　　　③数字表現　（基数／序数／金額／時刻／年月日） 42

LEKTION 8 **Wohin willst du gehen? — Ich will ins Restaurant gehen.** 44
　　GRAMMATIK　話法の助動詞／未来形
　　　　＊話法の助動詞　＊werden の現在人称変化／未来形
　　DIALOG　昼食を食べに行く

LEKTION 9 **Ich weiß nicht, wann der Zug abfährt. — Er fährt um 10 Uhr ab.** .. 48
　　GRAMMATIK　分離動詞／接続詞と副文
　　　　＊分離動詞／非分離動詞　＊従属接続詞と副文　＊疑問詞と間接疑問文
　　DIALOG　駅の窓口で尋ねる

LEKTION 10 **Hast du vor, München zu besuchen? — Ich freue mich darauf.** 52
　　GRAMMATIK　zu 不定詞／再帰代名詞
　　　　＊zu 不定詞　＊再帰代名詞　＊再帰動詞
　　DIALOG　休暇の計画を尋ねる

LEKTION 11 **Als ich das Museum besuchte, fand eine Ausstellung statt.** 56
　　GRAMMATIK　動詞の３基本形／過去形
　　　　＊動詞の３基本形　＊過去形の人称変化　＊分離動詞の３基本形／過去形
　　DIALOG　旅の体験を語る（１）

LEKTION 12 **Hast du Weimar besucht? — Ja. Es gefällt mir in Weimar.** 60
　　GRAMMATIK　現在完了形／非人称表現
　　　　＊現在完了形　＊他動詞と自動詞　＊非人称表現
　　DIALOG　旅の体験を語る（２）

LEKTION 13 **Es wird gesagt, dass Japan das sicherste Land ist.** 64
　　GRAMMATIK　受動態／比較表現
　　　　＊受動態　＊形容詞の比較級・最上級　＊副詞の比較級・最上級
　　DIALOG　意見を交換する（１）

LEKTION 14 **Was ist das beste Buch, das du je gelesen hast?** 68
　　GRAMMATIK　関係代名詞・関係副詞
　　　　＊定関係代名詞　＊不定関係代名詞　＊関係副詞
　　DIALOG　意見を交換する（２）

LEKTION 15 **Wenn ich Geld hätte, würde ich auch nach Japan gehen.** 72
　　GRAMMATIK　接続法
　　　　＊第Ⅰ式：間接話法　＊第Ⅱ式：非現実話法／願望・婉曲表現
　　DIALOG　別れと再会の約束

　表現＋α　　会話表現（自己紹介，趣味・家族，買い物，予定，食事，計画，体験，意見交換） 76
　語法＋α　　①文法補遺（-n 型の動詞，使役の助動詞／知覚動詞，指示代名詞，自動詞の受動，絶対比較級，分詞） .. 82
　　　　　　②語の配置（語順の基本法則，不定詞句の語順，nicht の位置，熟語的な動詞句の語順） 84
　　　　　　不規則動詞変化表

■ 各課の構成
　① [基本の理解] GRAMMATIK　パノラマ整理で仕組みを理解する．　Warm-up　基本の確認．
　② [聞く・読む] DIALOG　聞く・読むトレーニングをつうじて，理解した事柄の定着を図る．
　③ [書く・話す] ÜBUNGEN　文法練習Ａ・Ｂ（型の習熟）から，作文練習Ｃ（発信力の養成）へ．

ドイツ基本情報

■ ドイツ語を公用語とする国

　ドイツ連邦共和国　Bundesrepublik Deutschland（＝ BRD）

　オーストリア共和国　Österreich

　スイス連邦　die Schweiz

　ルクセンブルク大公国　Luxemburg

　リヒテンシュタイン公国　Liechtenstein

■ ドイツ連邦共和国の基本データ（全 16 州）　EU 加盟国

◆ 面積　約 35.7 万 km²　◆ 人口　約 8,220 万人　◆ 首都　ベルリン（人口：約 352 万人）

◆ 民族　ゲルマン系ドイツ人：約 90％，トルコ人：約 3％，その他：約 7％

◆ 宗教　キリスト教：約 60％（カトリック 30％，プロテスタント 30％），イスラム教：約 2.6％

◆ 政党　CDU（キリスト教民主同盟）／ CSU（キリスト教社会同盟），SPD（社会民主党），B90 / die Grünen（同盟 90 ／緑の党），Die Linke（左派党），FDP（自由民主党），AfD（ドイツのための選択肢）など．

LEKTION 0 発音 Aussprache

1 挨拶の表現 CD-02

① Guten Tag! / Grüß Gott!
こんにちは．

Wie geht es Ihnen?
ご機嫌いかがですか？

Danke, gut. Und Ihnen?
ありがとう．元気です．あなたは？

② Danke schön! — Bitte schön!
どうもありがとう．　どういたしまして．

③ Entschuldigung!　すみません．

④ Auf Wiedersehen!　さようなら．

2 アルファベット　Alphabet　CD-03

A a	B b	C c	D d	E e	F f	G g
[a:]	[be:]	[tse:]	[de:]	[e:]	[ɛf]	[ge:]
H h	I i	J j	K k	L l	M m	N n
[ha:]	[i:]	[jɔt]	[ka:]	[ɛl]	[ɛm]	[ɛn]
O o	P p	Q q	R r	S s	T t	U u
[o:]	[pe:]	[ku:]	[ɛr]	[ɛs]	[te:]	[u:]
V v	W w	X x	Y y	Z z		
[faʊ]	[ve:]	[ɪks]	[ýpsilɔn]	[tsɛt]		
Ä ä	Ö ö	Ü ü	ß			
[ɛ:]	[ø:]	[y:]	[ɛs-tsɛ́t]			

Warm-up 1　CD-03

次の語句を発音してみましょう．
1. BRD （ドイツ連邦共和国）
2. EU （ヨーロッパ連合）
3. ZDF （第2ドイツテレビ）
4. ICE （インターシティ・エクスプレス）
5. LH （ルフトハンザ航空）
6. VW （フォルクスワーゲン）

3 発音の原則　CD-04

① おおむねローマ字式に発音する.　　　　　　　Name [ná:mə　ナーメ]
② アクセントは最初の母音に置く.　　　　　　　Leben [lé:bən　レーベン]
③ アクセントのある母音 → 子音１個の前では長音.　Kino [kí:no　キーノ]
　　　　　　　　　　　子音２個以上の前では短音.　Mann [man　マン]

4 母音の発音

CD-05

a	[a:] [a]	Name 名前	Mann 男性
e	[e:] [ɛ] [ə]	Leben 生命	Bett ベッド
i	[i:] [ɪ]	Kino 映画館	Film 映画
o	[o:] [ɔ]	Brot パン	Morgen 朝
u	[u:] [ʊ]	Hut 帽子	Hunger 空腹

＊名詞はつねに大文字で書き始める.

＊aa, ee, oo → 母音が重なると長音.　Haar 髪　Tee 茶　Boot ボート

CD-06

ä	[ɛ:] [ɛ]	Träne 涙	Bäcker パン屋
ö	[ø:] [œ]	hören 聞く	können できる
ü	[y:] [ʏ]	müde 疲れた	dünn 薄い, 細い

CD-07

au	[aʊ]	Haus 家	Frau 女性
äu eu	[ɔʏ]	träumen 夢見る	neu 新しい
ei	[aɪ]	klein 小さい	Arbeit 仕事
ie	[i:]	Liebe 愛	Brief 手紙

母音＋h　→ 母音を長く発音する（hは発音しない）.　gehen 行く

5 子音の発音

CD-08

j	[j]	Japan 日本	Junge 男の子
v	[f]	Vater 父	Volk 民族
w	[v]	Wagen 車	Wein ワイン
z	[ts]	Zahn 歯	Zeit 時間

CD-09 s＋母音	[z]	sehen 見る	Sommer 夏
ss ß	[s]	essen 食べる	heiß 熱い, 暑い
sch tsch	[ʃ][tʃ]	Schule 学校	Deutsch ドイツ語
語頭 sp- st-	[ʃp][ʃt]	Sport スポーツ	stark 強い

CD-10 ch (1) a/o/u/au の後	[x]	Bach 小川	Koch コック
		Buch 本	Bauch 腹
		machen 作る	kochen 料理する

CD-11 ch (2) それ以外の場合	[ç]	ich 私は	München ミュンヘン
語末 -ig	[ıç]	billig 安い	fleißig 勤勉な
chs x	[ks]	wachsen 成長する	Taxi タクシー

CD-12 語末 -b -d -g	[p][t][k]	halb 半分の	und そして	Tag 日
pf qu	[pf][kv]	Kopf 頭	Quittung 領収書	
dt th	[t]	Stadt 町	Thema 主題	
tz ts ds	[ts]	Platz 場所	nachts 夜に	abends 晩に

CD-13 語末 -r -er → 母音のように軽く［ア］と発音されることが多い.

　　　　　　　　　　　wir 私たちは　　　　schwer 重い　　Mutter 母

✦ アクセントが最初の母音（第１音節）にない語（→外来語系）.

　　Restaurant [rɛstorã́:] レストラン　　Museum [muzéʊm] 美術館
　　Familie [famí:liə] 家族　　　　　　Theater [teá:tər] 劇場
　　Nation [natsió:n] 国民　　　　　　Klavier [klaví:r] ピアノ　など.

Warm-up 2　CD-14

1〜12 の数字を発音してみましょう.

1 eins	4 vier	7 sieben	10 zehn
2 zwei	5 fünf	8 acht	11 elf
3 drei	6 sechs	9 neun	12 zwölf

LEKTION 1 出会いと自己紹介 ——動詞の現在人称変化——

Was lernst du? — Ich lerne Japanisch.
君は何を学んでいますか？　　　　私は日本語を学んでいます．

GRAMMATIK
理解する

1 不定詞（不定形）： ――en

不定詞（動詞の原形）は 語幹＋語尾（-en）の形をとる．

- komm**en**　（英：*come*）　来る
- lern**en**　（英：*learn*）　学ぶ
- trink**en**　（英：*drink*）　飲む

＊――n の形をとる動詞もある．hande**ln**，wande**rn** など．☞ 語法＋α①文法補遺

2 動詞の現在人称変化

主語の人称と数に応じて動詞の語尾が変化する．→ 定動詞（定形）

komm**en**	単数		複数	
1人称	*ich* 私は	komm**e**	*wir* 私たちは	komm**en**
2人称	*du* 君は	komm**st**	*ihr* 君たちは	komm**t**
3人称	*er* 彼は *sie* 彼女は *es* それは	komm**t**	*sie* 彼らは 　　彼女らは 　　それらは	komm**en**
[敬称2人称]		*Sie* あなた［がた］は	komm**en**	

Warm-up 1　CD-15

ドイツ語を日本語に，次に日本語をドイツ語にしましょう．

1. Ich komme aus Japan.　……………　→私たちは日本から来ました．　……………
2. Wir lernen Deutsch.　……………　→彼はドイツ語を学んでいます．　……………
3. Er trinkt Bier.　……………　→彼らはビールを飲んでいます．　……………

■ 2つの2人称：親称と敬称

親称 du（単数）/ ihr（複数）
- ✦ 家族・友人など親しい相手．
- ✦ 15歳以下くらいの未成年に．
- ✦ 学生どうしは最初から親称．

敬称 Sie（単数・複数が同形）
- ✦ 親称を用いる相手以外に．「あなた〔がた〕」．
- ✦ 文中でも頭文字はつねに大文字 Sie にする．
- ✦ 人称変化は３人称複数 sie と同じ形になる．

3 定動詞第2位の原則

Er **lernt** Deutsch und *Sie* **lernen** Japanisch.
　彼はドイツ語を学び，そしてあなた〔がた〕は日本語を学びます．

Japanologie **studieren** *sie* in Berlin.
　日本学を彼らはベルリン（の大学）で専攻しています．

Heute Abend **kommt** *sie* aus Frankfurt.
　今晩，彼女はフランクフルトからやってきます．

■ 疑問文： 動詞＋主語 ……？ / 疑問詞＋動詞＋主語 ……？

Trinkst *du* Bier? ― Ja, *ich* **trinke** Bier.
　君はビールを飲みますか？　はい，私はビールを飲みます．

Was **trinkt** *ihr*? ― *Wir* **trinken** Wein.　＊ was（英：what）☞第5課 文法＋α
　君たちは何を飲みますか？　私たちはワインを飲みます．

4 特殊な現在人称変化　**sein**（英：be）

ich	**bin**	*wir*	**sind**	
du	**bist**	*ihr*	**seid**	
er	**ist**	*sie*	**sind**	→ *Sie* **sind**

Sind *Sie* Student? ― Nein, *ich* **bin** nicht Student.　＊ nicht（英：not）☞第4課 文法＋α
　あなたは大学生ですか？　いいえ，私は大学生ではありません．

Warm-up 2　CD-15

冒頭の語句に続けて【　】内の語句を適切に並べ，動詞を変化させてドイツ語の文を作りましょう．
1. Sie 彼女は【Japanisch 日本語を　lernen 学んでいる】
2. Heute 今日【sie 彼らは　Wein ワインを　trinken 飲む】
3. In Berlin ベルリンで【ich 私は　Japanologie 日本学を　studieren 専攻している】

DIALOG　出会いと自己紹介　

Hanna ist Studentin. Heute kommt sie nach Berlin.

Max: Hallo, ich heiße Max. Und wie heißt du?

Hanna: Ich heiße Hanna. Ich komme aus Bonn. Und du?

Max: Ich bin Berliner. Was studierst du hier in Berlin?

Hanna: Japanologie. Japan und Japanisch sind interessant. Jeden Tag lerne ich gern Japanisch.

Max: Du arbeitest sehr fleißig!

＊ jeden Tag ＝英：*every day*

文法＋α

■ 口調上の例外

①語幹が **d,t** などで終わる動詞　fin**d**en, arbei**t**en, war**t**en...

ich	**arbeite**	*wir*	**arbeiten**	
du	**arbeitest**	*ihr*	**arbeitet**	
er	**arbeitet**	*sie*	**arbeiten**	→ *Sie* **arbeiten**

②語幹が **s,ß,tz,z** などで終わる動詞　rei**s**en, hei**ß**en, si**tz**en, tan**z**en...

ich	**heiße**	*wir*	**heißen**	
du	**heißt**	*ihr*	**heißt**	
er	**heißt**	*sie*	**heißen**	→ *Sie* **heißen**

ÜBUNGEN

LEKTION 1
書く・話す

A 動詞を適切な形に直して，点線部に入れましょう． 　CD-17

(1) trinken : .... Sie Wein? — Ja, ich .... gern Wein.
　　　　　　あなたはワインを飲みますか？　　はい，私はワインを飲むのが好きです．

(2) trinken : Was .... du gern? — Ich .... gern Bier.
　　　　　　君は何を飲むのが好きですか？　　私はビールを飲むのが好きです．

(3) lernen : .... Hanna Japanisch? — Ja, sie .... Japanisch.
　　　　　　ハンナは日本語を学んでいますか？　　はい，彼女は日本語を学んでいます．

(4) studieren : Was .... Max? — Er .... Philosophie.
　　　　　　マックスは何を専攻しているのですか？　彼は哲学を専攻しています．

B 動詞を適切な形に直して，点線部に入れましょう． 　CD-18

(1) sein : .... Sie Studentin? — Ja, ich .... Studentin.

(2) sein : .... Hanna Berlinerin? — Nein, sie .... nicht Berlinerin.

(3) arbeiten : .... Max fleißig? — Ja, er .... sehr fleißig.

(4) heißen : Wie .... sie? — Sie .... Hanna und er .... Max.

C 与えられた語をすべて用いて，日本語をドイツ語に直しましょう． 　CD-19

(1) 彼はベルリン出身で，彼女はミュンヘン出身です．

　　kommen / er / aus Berlin / aus München / kommen / und / sie

(2) 今晩，彼らはフランクフルトにやって来ます． ☞「今晩」を文頭に置く

　　kommen / nach Frankfurt / sie / heute Abend

(3) 私はドイツ語を学ぶのが好きです．君はドイツ語を学ぶのが好きですか？

　　lernen / ich / Deutsch / gern // du / Deutsch / lernen / gern / ?

(4) 私たちはとても一所懸命に日本語を学んでいます．

　　lernen / Japanisch / sehr fleißig / wir

☞ 76頁　表現＋α　[LEKTION 1] 1 出会いと自己紹介　　　　　　　　　　　表現する

LEKTION 2 家族について尋ねる ——名詞の性／冠詞の格変化——

● CD-20

Hast du Geschwister? — Ja, ich habe einen Bruder.
君には兄弟や姉妹はいますか？　　　　はい，私には兄が１人います．

GRAMMATIK
理解する

1 名詞の性と定冠詞

名詞には男性・女性・中性の区別があり，定冠詞（英：*the*）の形が異なる（der/die/das）．
名詞には単数・複数の区別があり，複数形になると性の区別が消える（定冠詞：die）．

＊複数形には Kind**er**, Tisch**e** のように語尾が付く．語尾のパターンについては第５課参照．

男性名詞 (*m.*)	女性名詞 (*f.*)	中性名詞 (*n.*)	複数形 (*pl.*)
der Vater　父	**die** Mutter　母	**das** Kind　子ども	**die** Kinder　子どもたち
der Tisch　机	**die** Firma　会社	**das** Buch　本	**die** Tische　机（複数）
er	sie	es	sie	← 対応する人称代名詞

Ist *die* Firma groß? — Nein, *sie* ist nicht so groß.
　その会社は大きいですか？　　いいえ，それはそれほど大きくはありません．

2 名詞の格

日本語では名詞の後に「が・の・に・を」等の助詞を付けて主格・目的格などを示すが，
ドイツ語では名詞の前に付ける冠詞の語尾を変化させることで主格・目的格などを示す．

```
1格［…が］　Der Vater arbeitet bei VW.　　父は VW 社で働いています．
2格［…の］　Das Auto des Vaters ist alt.　　父の自動車は古いものです．
3格［…に］　Die Mutter dankt dem Vater.　　母は父に感謝しています．
4格［…を］　Die Kinder lieben den Vater.　　子どもたちは父を愛しています．
```

Warm-up 1　● CD-20

下線部の名詞を人称代名詞にして（　　）に入れましょう．
1. Ist der Tisch teuer? — Ja, (　　　　) ist sehr teuer.
2. Ist die Frau groß?　 — Nein, (　　　　) ist nicht so groß.
3. Ist das Kind klein? — Ja, (　　　　) ist klein.

3 定冠詞（英：the）の格変化

男性2格・中性2格には語尾 –s / -es，複数3格には語尾 –n が付く．☞文法+α

	男性 (m.)	女性 (f.)	中性 (n.)	複数 (pl.)
1格	**der** Vater	**die** Mutter	**das** Kind	**die** Kinder
2格	**des** Vater**s**	**der** Mutter	**des** Kind[e]s	**der** Kinder
3格	**dem** Vater	**der** Mutter	**dem** Kind	**den** Kinder**n**
4格	**den** Vater	**die** Mutter	**das** Kind	**die** Kinder

4 不定冠詞（英：a, an）の格変化

男性1格・中性1格・中性4格には，定冠詞のような語尾が付かない．

	男性 (m.)	女性 (f.)	中性 (n.)
1格	ein△ Vater	ein**e** Mutter	ein△ Kind
2格	ein**es** Vater**s**	ein**er** Mutter	ein**es** Kind[e]s
3格	ein**em** Vater	ein**er** Mutter	ein**em** Kind
4格	ein**en** Vater	ein**e** Mutter	ein△ Kind

Eine Frau kauft **dem** Kind **des** Bruder**s** **ein** Buch.
1人の女性が，弟の子どもに，1冊の本を買う．

5 特殊な現在人称変化　haben（英：have）

ich habe	wir haben	
du **hast**	ihr habt	
er **hat**	sie haben	→ *Sie* haben

Hast *du* morgen Zeit? — Ja, ich habe morgen Zeit.
君は明日，時間がありますか？　　はい，私は明日，時間があります．

Warm-up 2　CD-20

点線部に定冠詞を入れて，ドイツ語の文を作りましょう．
1. 男性 (m.)：その男性はそのワインを好んで飲む．　　........... Mann trinkt gern .... Wein.　☞1格≠4格
2. 女性 (f.)：その女性はそのミルクを好んで飲む．　　........... Frau trinkt gern .... Milch.　☞1格＝4格
3. 中性 (n.)：その子どもはその本を買う．　　........... Kind kauft .... Buch.　☞1格＝4格

DIALOG 家族について尋ねる CD-21

LEKTION 2
聞く・読む

Hanna hat einen Bruder und eine Schwester.

Hanna: Hast du auch Geschwister, Max?

Max: Ja, ich habe einen Bruder. Er arbeitet bei Siemens.

Hanna: Er ist dann viel beschäftigt, oder? Hat er Familie?

Max: Ja, er ist schon verheiratet und hat eine Tochter.

Jeden Tag kauft er der Tochter einen Kuchen.

Hanna: Dann liebt er das Kind sehr!

文法＋α

■ 男性弱変化名詞

男性名詞のなかには，単数1格以外の語尾が -[e]n となるものがある．

	単数	複数
1格	der Student	die Studenten
2格	des Studenten	der Studenten
3格	dem Studenten	den Studenten
4格	den Studenten	die Studenten

■ 男性名詞・中性名詞の2格語尾：–s / -es

① 2音節の名詞の場合： der Vater → des Vaters

② 1音節の名詞の場合： das Kind → des Kindes (Kinds)

③ 語末 s, ß, sch, z など： der Tisch → des Tisches

ÜBUNGEN

LEKTION 2
書く・話す

A 点線部に適切な定冠詞，（　）に人称代名詞を入れましょう． CD-22

(1) .... Firma .... Vaters ist alt. (　) ist nicht so klein.　　*Firma：女性名詞

　　父の会社は古い．それはそれほど小さくはありません．

(2) .... Tisch .... Kindes ist groß. (　) ist nicht so neu.　　*Tisch：男性名詞

　　その子の机は大きい．それはそれほど新しくはありません．

(3) .... Buch .... Mutter ist interessant. (　) ist sehr teuer.　*Buch：中性名詞

　　母の本は面白い．それはとても高価なものです．

B 点線部に適切な不定冠詞，（　）に人称代名詞を入れ，また下線部の動詞を適切な形に直して，ドイツ語文を完成させましょう． CD-23

(1) (　) haben .... Auto. (　) sein nicht so teuer.　　*Auto：中性名詞

　　彼らは自動車を1台もっています．それはそれほど高価ではありません．

(2) (　) haben .... Bruder. (　) arbeiten als Lehrer.　　*Bruder：男性名詞

　　私には兄が1人います．彼は教師として働いています．

(3) (　) haben .... Schwester. (　) arbeiten auch als Lehrerin.

　　彼には姉が1人います．彼女も教師として働いています．　　*Schwester：女性名詞

C 与えられた語をすべて用いて，日本語をドイツ語に直しましょう． CD-24

(1) その女子学生には伯母（叔母）が1人います．彼女はその伯母（叔母）を愛しています．

　　haben / die Studentin / eine Tante // lieben / sie / die Tante

(2) その男子学生には伯父（叔父）が1人います．彼はその伯父（叔父）に感謝しています．

　　haben / der Student / ein Onkel // danken / er / der Onkel

(3) 彼はその女性の息子さんに机を1つ買ってあげます．

　　kaufen / er / ein Tisch / die Frau / der Sohn

(4) 彼女はその男性の娘さんに何を買ってあげるのですか？

　　kaufen / sie / der Mann / die Tochter / was / ?

17

LEKTION 3 明日の予定を尋ねる ──不規則変化動詞／命令形──

● CD-25

Wann fährst du nach München? — Um 7 Uhr.
君はいつミュンヘンへ行くのですか？　　　　　　　　　　７時です．

GRAMMATIK
理解する

1 不規則な現在人称変化

du と er / sie / es の２箇所で幹母音（語幹の母音）が変化する動詞がいくつかある．

① a → ä 型：fahren → *du* fährst / *er* fährt

ich fahre	*wir* fahren	
du **fährst**	*ihr* fahrt	
er **fährt**	*sie* fahren	→ *Sie* fahren

② e → i 型：helfen（e：短音）→ *du* hilfst / *er* hilft

ich helfe	*wir* helfen	
du **hilfst**	*ihr* helft	
er **hilft**	*sie* helfen	→ *Sie* helfen

e → ie 型：sehen（e：長音）→ *du* siehst / *er* sieht

ich sehe	*wir* sehen	
du **siehst**	*ihr* seht	
er **sieht**	*sie* sehen	→ *Sie* sehen

Warm-up 1 ● CD-25

次の動詞を人称変化させて点線部に入れ，ドイツ語の文を作りましょう．

1. schlafen　a → ä 型：君はまだ寝ているの？　　……………… du noch?
2. sprechen　e → i 型：君はドイツ語を話すの？　　……………… du Deutsch?
3. lesen　　　e → ie 型：君は読書が好きなの？　　……………… du gern?

Morgen früh **fährt** ein Student nach Berlin.
  明日の朝，ある男子学生がベルリンへ行きます．

In Berlin **sieht** der Student einen Film.
  ベルリンでその男子学生は１本の映画を観ます．

Der Student **hilft** gern einer Studentin.　　＊helfen ＋ 3格：…を助ける，手伝う．
  その男子学生は進んで１人の女子学生を助けてあげます．

Die Studentin **spricht** noch nicht so gut Deutsch.
  その女子学生はまだそれほど上手にはドイツ語を話しません．

2 命令形

① **du** にたいする命令： 語幹＋e! あるいは 語幹!

　　gehen　　　[*du* gehst]　　→ **Geh[e]!**　　行きなさい！　　＊語尾 e はふつう省略する
　　arbeiten　　[*du* arbeitest]　→ **Arbeite!**　　働きなさい！　　＊口調上の e は省略しない
　　sprechen　 [*du* sprichst]　　→ **Sprich!**　　話しなさい！　　＊e → i(e) 型：e は付けない

　＊ただし a → ä 型の不規則動詞では，幹母音は a のままになる．

　　fahren　　　[*du* fährst]　　→ **Fahr[e]!**　　行きなさい！

② **ihr** にたいする命令： 語幹＋t!

　　gehen　　　[*ihr* geht]　　　→ **Geht!**　　行きなさい！
　　arbeiten　　[*ihr* arbeitet]　　→ **Arbeitet!**　　働きなさい！

③ **Sie** にたいする命令： ──en Sie!

　　Gehen Sie bitte morgen früh nach Berlin!　　(☞疑問文：Gehen Sie...?)
　　明日の朝，どうかベルリンに行ってください！

■ **wir** にたいする勧誘： ──en wir!

　　Gehen wir morgen früh nach Berlin!　　明日の朝，ベルリンに行きましょう！

Warm-up 2　CD-25

du にたいする命令形を点線部に入れ，ドイツ語の文を作りましょう．
　1．おやすみ！（ぐっすり眠って！）　………………………… gut!
　2．静かに話しなさい！　　　　　　………………………… leise!
　3．たくさん読書しなさい！　　　　………………………… viel!

DIALOG　明日の予定を尋ねる　CD-26

LEKTION 3
聞く・読む

Morgen früh besucht Max München. Hanna fragt Max.

Hanna: Wann fährst du morgen nach München?

Max: Ungefähr um 7 Uhr. In München sehe ich einen Film.

Hanna: Siehst du wirklich nur einen Film? Was machst du sonst?

Max: Hm.... Ich treffe dort eine Studentin aus Japan.

Sie spricht noch nicht so gut Deutsch, also helfe ich...

Hanna: Aha, du hast ein Date. Schlaf gut!

* fragen ＋ 4格：…に尋ねる

* um 7 Uhr：7時に　☞単語＋α③数字表現

文法＋α

■ 例外的な現在人称変化

geben（英：*give*）　＊e：長音

ich gebe	*wir* geben	
du **gibst**	*ihr* gebt	
er **gibt**	*sie* geben	→ *Sie* geben

nehmen（英：*take*）　＊e：長音

ich nehme	*wir* nehmen	
du **nimmst**	*ihr* nehmt	
er **nimmt**	*sie* nehmen	→ *Sie* nehmen

■ 例外的な命令形

sein　*du* にたいする命令　[*du* bist]　→ **Sei** ruhig!　　静かにしなさい！

　　　 ihr にたいする命令　[*ihr* seid]　→ **Seid** ruhig!　　静かにしなさい！

　　　 Sie にたいする命令　[*Sie* sind]　→ **Seien** *Sie* ruhig!　静かにしてください！

ÜBUNGEN

LEKTION 3
書く・話す

A 下線部の動詞を適切な形に直し，また点線部に定冠詞を入れて，ドイツ語の文を完成させましょう． CD-27

(1) Heute fahren .... Student nach Wien. Wann fahren du nach Wien?
　　今日その男子学生はウィーンへ行きます．君はいつウィーンへ行くのですか？

(2) In Wien sehen er einen Film. Sehen du auch .... Film?
　　ウィーンで彼は1本の映画を観ます．　君もその映画を観るのですか？

(3) Das Kind sprechen nicht so gut Deutsch. Sie helfen .... Kind.
　　その子はドイツ語をそれほど上手には話しません．彼女がその子を助けます．

(4) Du sprechen sehr gut Japanisch. Helfen du .... Lehrer?
　　君はとても上手に日本語を話しますね．君は先生のお手伝いをするのですか？

B 与えられた語をすべて用いて，指示された相手にたいする命令文を作りましょう． CD-28

(1) ドイツへ行きなさい！　そこでたくさんドイツ語を話しなさい！　　[du にたいして]
　　gehen / nach Deutschland / ! // dort / viel / Deutsch / sprechen / !

(2) その子のお母さんを助けてあげてください！　　[Sie にたいして]
　　das Kind / die Mutter / Sie / helfen / !

(3) 静かにしなさい！　一所懸命に作業しなさい！　　[du にたいして]
　　sein / ruhig / ! // fleißig / arbeiten / !

C 与えられた語をすべて用いて，日本語をドイツ語にしましょう． CD-29

(1) 君は8時にベルリンへ行くのですね．彼はいつベルリンへ行くのですか？
　　fahren / um 8 Uhr / nach Berlin / du // fahren / nach Berlin / er / wann / ?

(2) 彼女は今日その美術館を訪れ，そしてそこで1枚の絵を観ます．
　　besuchen / heute / das Museum / sie // sehen / ein Bild / dort / und

(3) 彼はとても上手に英語を話しますね．君は英語を話しますか？
　　sprechen / er / sehr gut / Englisch // sprechen / du / Englisch / ?

(4) その女子学生は明日その男性教師と女性教師のお手伝いをします．
　　helfen / die Studentin / der Lehrer / die Lehrerin / morgen / und

LEKTION 4 買い物に行く（1）——定冠詞類・不定冠詞類——

 CD-30

Welche Uhr kaufst du? — Ich kaufe diese Uhr.
君はどの時計を買うのですか？　　　　私はこの時計を買います．

GRAMMATIK
理解する

1 定冠詞類

| dieser（この） | welcher（どの？） | jeder（どの…も） | aller（すべての） |
| jener（あの・例の） | solcher（そのような） | mancher（かなり多くの） |

＊定冠詞 der/die/das/die とほぼ同じ格変化（ただし女性・中性・複数の1格・4格に注意）．
→ 定冠詞と同じように名詞の前に置かれて，名詞の性・数・格を指示する．

	男性 (*m.*)	女性 (*f.*)	中性 (*n.*)	複数 (*pl.*)
1格	dieser Vater	diese Mutter	dieses Kind	diese Kinder
2格	dieses Vaters	dieser Mutter	dieses Kind[e]s	dieser Kinder
3格	diesem Vater	dieser Mutter	diesem Kind	diesen Kindern
4格	diesen Vater	diese Mutter	dieses Kind	diese Kinder

Welchen *Wein* kaufst du? — Ich kaufe **diesen** *Wein*.
どのワインを君は買うのですか？　　　私はこのワインを買います．

Welches *Bier* trinkt er gern? — Er trinkt gern **dieses** *Bier*.
彼はどのビールを飲むのが好きですか？　　彼はこのビールを飲むのが好きです．

Ich finde **jedes** *Buch* gut. Ich kaufe **alle** *Bücher*.
私はどの本もよいと思う．私はすべての本を買います．　☞ jeder ＋単数／aller ＋複数（単数の場合もある）

Warm-up 1　CD-30

点線部に適切な語尾を入れて，ドイツ語の文を作りましょう．
1. der Wagen (*m.*)：　Dies............ Wagen fährt schnell.
2. die Milch (*f.*)：　Dies............ Milch schmeckt gut.　　　☞ 語尾：-ie → -e
3. das Kind (*n.*)：　Dies............ Kind liest gern.　　　☞ 語尾：-as → -es

2 不定冠詞類

所有冠詞：**mein**（私の）　**dein**（君の）　**sein**（彼の・それの）など．

否定冠詞：**kein**　＊ Ich habe *kein* Geld.（英：I have *no* money.）

＊不定冠詞 **ein** と同じ格変化（複数形は定冠詞類と同じ）→ 名詞の性・数・格を指示する．

	男性 (*m.*)	女性 (*f.*)	中性 (*n.*)	複数 (*pl.*)
1格	mein△ Vater	meine Mutter	mein△ Kind	meine Kinder
2格	meines Vaters	meiner Mutter	meines Kind[e]s	meiner Kinder
3格	meinem Vater	meiner Mutter	meinem Kind	meinen Kindern
4格	meinen Vater	meine Mutter	mein△ Kind	meine Kinder

Ist das **deine** Uhr? — Ja, das ist **meine** Uhr.
　それは君の時計ですか？　　　はい，それは私の時計です．

Haben Sie jetzt **keine** Zeit? — Nein, ich habe **keine** Zeit.　　＊否定疑問文
　いま，お時間はないのでしょうか？　　はい，私には時間はありません．　　☞第5課 文法＋α

3 所有冠詞

	単数	複数	
1人称	mein 私の	unser 私たちの	
2人称	dein 君の	euer 君たちの	
3人称	sein 彼の 男	ihr 彼らの 複	→ Ihr あなた〔がた〕の 敬称
	ihr 彼女の 女		
	sein それの 中		

＊所有冠詞の **ihr**（彼女の）女・**ihr**（彼らの）複・**Ihr**（あなた〔がた〕の）敬称という3つの語は，
　人称代名詞 **sie**（彼女は）女・**sie**（彼らは）複・**Sie**（あなた〔がた〕は）敬称と対応関係にある．

Sie kauft **ihrem** Kind ein Buch.　Was kaufen Sie **Ihrem** Kind?
　彼女は自分の子どもに本を一冊買います．　あなたはご自分のお子さんに何を買うのですか？

Warm-up 2　CD-30

点線部に適切な語尾を入れて（不要の場合は△），ドイツ語の文を作りましょう．

1. ein Sohn (*m.*)　：Mein……… Sohn spricht Deutsch.
2. eine Schwester (*f.*)　：Sein……… Schwester hat eine Tochter.
3. ein Kind (*n.*)　：Dein……… Kind schläft gut.

DIALOG 買い物に行く（1）

Heute besuchen Hanna und Max ein Kaufhaus in Berlin.

Max: Was kaufst du denn? Suchst du ein Geschenk?

Hanna: Ja, ich kaufe meiner Mutter eine Uhr.

　　　 Morgen hat sie ihren Geburtstag und gibt eine Party.

Max: Welche Uhr nimmst du? Ich finde diese Uhr sehr schön.

Hanna: Diese Farbe ist zu dunkel. Das ist nicht mein Geschmack.

Max: Hm…. Dann habe ich leider keine Idee mehr.

文法＋α

■ **kein** と **nicht** の使い分け

① 不定冠詞・無冠詞 の場合　→ kein

　Haben Sie *ein Buch*?　— Nein, ich habe *kein Buch*.
　Haben Sie *Zeit*?　　　 — Nein, ich habe *keine Zeit*.

② 定冠詞・所有冠詞 の場合　→ nicht

　Haben Sie *das Buch*?　— Nein, ich habe *das Buch nicht*.
　Ist das *dein Buch*?　　 — Nein, das ist *nicht mein Buch*.

③ A＝B のセンテンスの場合　→ nicht あるいは kein

　Ich bin *nicht Student*.　私は大学生ではありません.
　Ich bin *kein Student*.　 私は大学生（など）ではありません.

ÜBUNGEN

LEKTION 4
書く・話す

A 点線部に適切な定冠詞類（welcher, dieser）を入れましょう． CD-32

(1) .... Uhr kauft sie? — Sie kauft .... Uhr.

(2) .... Tisch kaufen Sie? — Ich kaufe .... Tisch.

(3) .... Kind kauft .... Buch? — .... Kind kauft es.

(4) .... Student kauft .... Auto? — .... Student kauft es.

B 点線部に適切な不定冠詞類（所有冠詞・否定冠詞）を入れましょう． CD-33

(1) Ist das .... Wagen? — Ja, das ist .... Wagen.
    それは君の車ですか？　　　　　　　はい，それは私の車です．

(2) Ist das .... Katze? — Nein, das ist .... Katze.
    それは彼の猫ですか？　　　　　　　いいえ，それは彼女の猫です．

(3) Ist das .... Buch? — Ja, das ist .... Buch.
    それはあなたがたの本ですか？　　　はい，それは私たちの本です．

(4) Hast du Hunger? — Nein, ich habe .... Hunger.
    君はお腹が空いていますか？　いいえ，空いていません．

C 与えられた語にさらに所有冠詞を補って，ドイツ語の文を作りましょう． CD-34

(1) 彼らは自分たちの（彼らの）父親にこの自動車を買います．
    kaufen / Vater / dieser / Auto / sie

(2) あなたはあなたの母親にこの花を買うのですか？
    kaufen / Mutter / dieser / Blume / Sie / ?

(3) 彼の妻は自分の（彼女の）子どもにこの本を与えます．
    geben / Frau / Kind / dieser / Buch

(4) 君の夫は私の息子にどの本をくれるのですか？
    geben / Mann / Sohn / welcher / Buch / ?

☞ 76頁　表現＋α　[〜 LEKTION 4] 2 趣味・家族について尋ねる　　　　　表現する

LEKTION 5 買い物に行く（2）——複数形／人称代名詞——

● CD-35

Kaufst du diese Bücher? — Ja, ich kaufe sie.
君はこれらの本を買うのですか？　　　　　はい，私はそれらを買います．

GRAMMATIK　　　　　　　　　　　　　　　　　　　　　　　　　　　　理解する

1 名詞の複数形

名詞の複数形の語尾には5つのパターンがある（幹母音が変音する場合もある）．

	単数1格		複数1格	【単数2格／複数1格】
無語尾型	der Lehrer der Bruder	教師 兄・弟	die Lehrer die Brüder	【—s／—】 【—s／⸚】
e 型	das Heft der Gast	ノート 客	die Hefte die Gäste	【—[e]s／—e】 【—[e]s／⸚e】
er 型	das Kind das Buch	子ども 本	die Kinder die Bücher	【—[e]s／—er】 【—[e]s／⸚er】
[e]n 型	die Blume die Frau	花 女性	die Blumen die Frauen	【—／—n】 【—／—en】
s 型	das Auto	自動車	die Autos	【—s／—s】

＊er 型 → 必ず変音する（ä, ö, ü, äu）．　＊[e]n 型・s 型 → けっして変音しない．

[1格]　**Die Kinder** besuchen den Vater.　　子どもたちが父のもとを訪れます．
[2格]　Der Vater **der Kinder** wohnt allein.　子どもたちの父は一人暮らしです．
[3格]　Der Vater dankt **den Kindern**.　　　父は子どもたちに感謝しています．
[4格]　Der Vater liebt **die Kinder**.　　　　父は子どもたちを愛しています．

複数3格 → 名詞の語尾に **-n** が付く（ただし [e]n 型と s 型には付かない）．

Warm-up 1　● CD-35

次の単語を独和辞典で調べて，【単数2格／複数1格】という形でメモしてみましょう．

1. Schwester　姉・妹　【　　　／　　　】
2. Sohn　　　息子　　【　　　／　　　】
3. Tochter　　娘　　　【　　　／　　　】

2 人称代名詞の格変化

		1人称	2人称	3人称			
単数	1格	ich	du	er	sie	es	
	[2格]	—	—	—	—	—	
	3格	mir	dir	ihm	ihr	ihm	
	4格	mich	dich	ihn	sie	es	[敬称2人称]
複数	1格	wir	ihr	sie			→ Sie
	[2格]	—	—	—			—
	3格	uns	euch	ihnen			→ Ihnen
	4格	uns	euch	sie			→ Sie

* 2格は現在ではほぼ使われないので省略.

* 3人称の語尾は定冠詞の語尾と対応する.

Seine Kinder besuchen ihn oft und helfen ihm gern.
彼の子どもたちは彼のもとをしばしば訪れ，彼を進んで助けます.

Er dankt ihnen und liebt sie sehr.
彼は彼らに感謝しており，彼らのことをとても愛しています.

3 3格・4格の語順

① 名詞 と 名詞 が2つ並ぶ場合 → 3格・4格 の順

Er gibt seinen Kindern diese Bücher .
彼は自分の子どもたちにこれらの本を与えます.

② 代名詞 と 名詞 が並ぶ場合 → 代名詞・名詞 の順

Er gibt ihnen diese Bücher . / Er gibt sie seinen Kindern .
彼は彼らにこれらの本を与えます.　　　彼はそれらを自分の子どもたちに与えます.

③ 代名詞 と 代名詞 が並ぶ場合 → 4格・3格 の順

Er gibt sie ihnen .
彼はそれら〔これらの本〕を彼ら〔自分の子どもたち〕に与えます.

Warm-up 2 ● CD-35

下線部の名詞を人称代名詞に直して（　）に入れ，ドイツ語の文を作りましょう.

1. Der Lehrer arbeitet fleißig.　その先生は熱心に働く.　　→ (　　　) arbeitet fleißig.
2. Wir danken dem Lehrer.　私たちはその先生に感謝している.　→ Wir danken (　　　).
3. Ich liebe den Lehrer.　私はその先生を愛している.　　→ Ich liebe (　　　).

DIALOG 買い物に行く（2） CD-36

LEKTION 5
聞く・読む

Hanna sucht jetzt Bilderbücher und Max hilft ihr.

Max: Wem kaufst du diese Bilderbücher?

Hanna: Ich kaufe sie den Kindern meiner Schwester.

Max: Gibt deine Schwester ihren Kindern keine Bücher?

Hanna: Doch, sie gibt ihnen viele Bücher.

　　　　 Aber ihre Kinder verstehen noch kein Wort. Ganz komisch!

Max: Die Eltern sind eben so, nicht wahr?

＊ viele Bücher：たくさんの本（形容詞の格変化 ☞ 第7課）

文法＋α

■ 疑問代名詞

1格	wer	*Wer* ist die Frau da?	あそこの女性は誰ですか？
2格	wessen	*Wessen* Buch ist das?	それは誰の本ですか？
3格	wem	*Wem* gibt sie das Buch?	彼女は誰にその本をあげるのですか？
4格	wen	*Wen* liebt sie?	彼女は誰を愛しているのですか？
1格	was	*Was* sind Sie von Beruf?	あなたのご職業は何ですか？
4格	was	*Was* trinken Sie gern?	あなたは何を飲むのが好きですか？

■ 否定疑問文への答えかた

　　Haben Sie **keinen** Hunger?　　　　　　お腹は空いていないですか．

　　　→ **Nein**, ich habe **keinen** Hunger.　　はい．お腹は空いていません．

　　　　 Doch, ich habe Hunger.　　　　　いいえ．お腹が空いています．

ÜBUNGEN

LEKTION 5 書く・話す

A ☐の名詞を複数形に直し，点線部に適切な冠詞類を入れましょう． ● CD-37

(1) .... |Lehrer| lesen gern .... |Buch|.
   私の先生たちは，これらの本を読むのが好きです．

(2) .... |Bruder| kaufen heute .... |Heft|.
   彼の兄弟たちは今日，自分たちのノートを買います．

(3) .... |Frau| helfen morgen .... |Kind|.
   この女性たちが明日，君の子どもたちを助けてくれます．

(4) Sie gibt .... |Gast| .... |Blume|.
   彼女は自分のお客さんたちに，これらの花を渡します．

B 下線部の名詞を人称代名詞に置き換えて，全文を書き直しましょう． ● CD-38

(1) Ich liebe <u>meinen Sohn</u> und <u>meine Tochter</u>.

(2) <u>Der Student</u> hilft <u>der Studentin</u> und sie dankt <u>dem Studenten</u>.

(3) <u>Meine Frau und ich</u> kaufen <u>unserem Kind</u> dieses Heft.

C 与えられた語を用いて，日本語をドイツ語に直しましょう．ただし必要に応じて名詞を複数形に直し，適切な**人称代名詞**を補うこと． ● CD-39

(1) 彼らのお姉さんは，自分の息子たちにこれらの本を与えます．
   geben / ihre Schwester / ihr Sohn / dieses Buch

(2) どうかあなたの娘さんたちに，これらの花をあげてください！
   geben / bitte / Ihre Tochter / diese Blume / Sie / !

(3) 私の父は<u>私を</u>とても愛し，また<u>私を</u>しばしば助けてくれます．
   lieben / helfen / mein Vater / und / sehr / oft

(4) 彼の母は<u>彼に</u>車を2台買い，<u>彼は</u><u>彼女に</u>感謝しています．
   kaufen / danken / seine Mutter / und / zwei / Auto

☞ 78頁 |表現＋α| ［〜LEKTION 5］3 買い物に行く　　　　　表現する

LEKTION 6 週末の予定を尋ねる ——前置詞の格支配——

● CD-40

Was machst du an diesem Wochenende? ― Ich gehe ins Kino.
君はこの週末に何をするのですか？　　　　　　　　私は映画を観に行きます．

GRAMMATIK
理解する

前置詞はつねに特定の格（2格・3格・4格）の名詞・代名詞と結びつく（格支配）．

1　2格支配の前置詞

statt *meiner Mutter*　母の代わりに　　**trotz** *des Regens*　雨にもかかわらず
während *des Winters*　冬の間に　　**wegen** *der Krankheit*　病気のせいで　など．

2　3格支配の前置詞

aus *dem Haus*　家の中から外へ　　**bei** *meinen Eltern*　両親のもとで
nach *dem Essen*　食事の後で　　**mit** *den Kindern*　子どもたちといっしょに
seit *einem Jahr*　1年前から　　**zu** *meiner Tante*　伯母／叔母のところへ
von *Berlin* **nach** *Hamburg*　ベルリンからハンブルクへ　など．

＊「…から」　aus：中から外へ／von：出発点　　＊「…へ」　nach＋地名／zu＋人物・建物・催し

3　4格支配の前置詞

durch *den Park*　公園を通り抜けて　　**für** *die Familie*　家族のために
gegen *den Strom*　流れに逆らって　　**ohne** *deine Hilfe*　君の助けなしに
um *das Haus*　家の周りに　　**um** *9 Uhr*　9時に　など．

Warm-up 1　● CD-40

適切な前置詞を点線部に入れましょう．

1. .... des Unterrichts schläft er oft.　　　授業中，彼はしばしば寝ている．
2. Ich fahre .... Berlin .... meinen Eltern.　　私はベルリンの両親のところへ行く．
3. Sie arbeitet .... ihr Kind .... Pause.　　彼女は子どものために休みなく働く．

Er spricht **während** der Party **mit** ihr.　　彼はパーティの間に彼女と話をします。

Er geht **durch** den Park **zu** dem Bahnhof.　　彼は公園を通り抜けてその駅へ行きます。

Bei Regen fährt er **mit** dem Auto.　　雨の場合には彼は車で行きます。

Nach dem Essen lernt er **für** die Prüfung.　　食事の後に彼は試験のために勉強をします。

4 3・4格支配の前置詞　☞裏表紙イラスト

an …の際で・際へ	**auf** …の上で・上へ	**hinter** …の後ろで・後ろへ
in …の中で・中へ	**neben** …の横で・横へ	**über** …の上方で・上方へ
unter …の下で・下へ	**vor** …の前で・前へ	**zwischen** …の間で・間へ

✦ 静止または動作の場所を示すときは3格支配，運動の方向を示すときは4格支配．

[3格支配] → [場所]

Wo wohnt er? — Er wohnt **in** der Stadt.
　　彼はどこに住んでいるのですか？　彼は町（の中）に住んでいます。

[4格支配] → [方向]

Wohin geht er? — Er geht **in** die Stadt.
　　彼はどこへ行くのですか？　彼は町（の中）へ行きます。

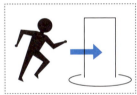

5 前置詞と定冠詞の融合形

Er geht **in** das Kino.　　→　　Er geht **ins** Kino.
　　彼はその映画館へ行きます．[指示性が強い]　　彼は映画を観に行きます．[指示性が弱い]

*　*am* Fenster　窓際で　　　*ans* Fenster　窓際へ　　　*im* Bett　ベッドで
　　zum Arzt　医者へ　　　*zur* Schule　学校へ　　　*vom* Morgen　朝から　など．

Am Nachmittag gehe ich zuerst **zur** Bank, dann **zum** Bahnhof.
　　午後に私はまず銀行へ行き，その後に駅へ行きます．

Warm-up 2　CD-40

日本語の意味に合うように，点線部に適切な定冠詞を入れましょう（Bett は中性名詞）．

1. Eine Katze schläft auf ……… Bett.　猫がベッドの上で寝ている．
2. Eine Katze springt auf ……… Bett.　猫がベッドの上へ飛び乗る．
3. Eine Katze springt auf ……… Bett.　猫がベッドの上で跳ねている．

DIALOG 週末の予定を尋ねる 　CD-41

LEKTION 6
聞く・読む

Hanna spricht mit Max über den Plan am Wochenende.

Max: Wohin gehst du an diesem Wochenende?

Hanna: Ich fahre mit meinen Freundinnen an den Alstersee.

Max: Prima! Fahrt ihr mit dem Zug oder mit dem Auto?

Hanna: Wir fahren mit dem ICE von Berlin nach Hamburg.
Und du? Was machst du denn am Wochenende?

Max: Zuerst lerne ich für die Prüfung, dann gehe ich ins Kino.

* der Alstersee：アルスター湖（ハンブルクの中心部にある人造湖）
* ICE：インターシティ・エクスプレス（都市間超特急列車）＝ Intercity-Express

文法＋α

■ 動詞・形容詞と結びつく前置詞

前置詞は特定の動詞・形容詞などと結びつき，熟語のように用いられることも多い．

Er **fragt** sie **nach** ihrem Freund.
彼は彼女にボーイフレンドのことを尋ねます．

Sie **antwortet** gleich **auf** seine Frage.
彼女はすぐに彼の質問に答えます．

Ich **glaube** fest **an** meinen Freund.
私はボーイフレンドのことを堅く信じています．

Ich bin **mit** meinem Leben **zufrieden**.
私は自分の生活に満足しています．

Er **wartet** lange **auf** seine Freundin.
彼はガールフレンドを長いあいだ待っています．

Er **denkt** immer **an** seine Freundin.
彼はいつもガールフレンドのことを考えています．

■ 前置詞と代名詞の融合形

Gehen Sie *mit Ihrer Mutter*? — Ja, ich gehe *mit ihr*. 　彼女といっしょに行く． 　人間

Fahren Sie *mit dem Fahrrad*? — Ja, ich fahre *damit*. 　それ（自転車）で行く． 　事物

* da**f**ür, da**v**on, da**z**u, da**r**an, da**r**auf, da**r**in など．［前置詞が母音で始まる場合 → dar-］

ÜBUNGEN

LEKTION 6
書く・話す

A 点線部に適切な冠詞（類）の語尾を入れましょう．　　　🔘 CD-42

(1) Sie geht nach d........ Unterricht von d........ Schule zu d........ Kaufhaus.

(2) Mein Freund arbeitet während d........ Sommers für sein........ Familie.

(3) Heute fährt sie mit d........ Fahrrad durch d........ Park zu ihr........ Tante.

(4) Seit ein........ Monat wohne ich mit mein........ Bruder bei unser........ Onkel.

B 点線部に適切な定冠詞の語尾を入れましょう．　　　🔘 CD-43

(1) Wohin gehen Sie heute? — Heute gehe ich in d........ Bibliothek.

(2) Wo arbeitest du heute? — Heute arbeite ich in d........ Bibliothek.

(3) Sie steht an d........ Fenster. Dann kommt ein Hund an d........ Fenster.

(4) Er legt ein Heft auf d........ Tisch. Unter d........ Tisch liegt eine Katze.

C 与えられた語にさらに<u>人称代名詞</u>を補って，ドイツ語の文を作りましょう．　　　🔘 CD-44

(1) 午前中に<u>私は</u>子どもたちといっしょに町へ出かけます．☞「午前中に」を文頭に
　　　an / mit / in / fahren / der Vormittag / meine Kinder / die Stadt

(2) 食事の前に<u>彼は</u>バスで大学へ行きます．☞「食事の前に」を文頭に
　　　vor / mit / zu / fahren / das Essen / der Bus / die Uni (= Universität)

(3) 仕事の後で<u>彼女は</u> <u>彼</u>といっしょに映画を観に行きます．☞「仕事の後で」を文頭に
　　　nach / mit / in / gehen / die Arbeit / das Kino

(4) 夏休みの間，<u>私たちは</u> <u>彼女</u>のもとで試験のために勉強します．☞「夏休みの間」を文頭に
　　　während / bei / für / lernen / die Sommerferien / die Prüfung

☞ 78頁　表現＋α　[～ LEKTION 6] 4 予定を尋ねる　　　　　　　　　　　　　表現する

LEKTION 7 趣味について尋ねる ——形容詞の格変化——

● CD-45

Was liest du gern? — Ich lese gern japanische Literatur.
君は何を読むのが好きですか？　　私は日本文学を読むのが好きです．

GRAMMATIK　　　　　　　　　　　　　　　　　　　　　　　　　理解する

1 形容詞の格変化の原則

名詞の前に置かれた形容詞は格変化する．冠詞の有無や種類により変化の仕方は異なる．

＊ 強い変化 ＝定冠詞類と同じ語尾 → 名詞の性・数・格を示す．　＊ 弱い変化 ＝ -en ／ -e．

① 無冠詞・形容詞 ：冠詞の代わりに形容詞の語尾が強く変化し，性・数・格を示す．
　[男性1格]　d**er** Kaffee　→　（△）heiß**er** Kaffee
② 定冠詞（類）＋形容詞 ：冠詞（類）が性・数・格を示すので，形容詞語尾は弱く変化する．
　[男性1格]　d**er** Vater　→　d**er** gut**e** Vater
③ 不定冠詞（類）＋形容詞 ：冠詞（類）に語尾がない場合，代わりに形容詞が強く変化する．
　[男性1格]　d**er** Vater　→　ein△ gut**er** Vater

2 無冠詞・形容詞 型の格変化

	男性 (m.)	女性 (f.)	中性 (n.)	複数 (pl.)
1格	heiß**er** Kaffee	warm**e** Milch	kalt**es** Bier	gut**e** Getränke
2格	heiß**en** Kaffee**s**	warm**er** Milch	kalt**en** Bier[e]s	gut**er** Getränke
3格	heiß**em** Kaffee	warm**er** Milch	kalt**em** Bier	gut**en** Getränke**n**
4格	heiß**en** Kaffee	warm**e** Milch	kalt**es** Bier	gut**e** Getränke

◆ 男性2格・中性2格 ：名詞語尾 -s/-es が格を明示→形容詞語尾は弱く -en でよい．
　Trinken wir kalt**es** Wasser oder frisch**en** Saft!　冷たい水か新鮮なジュースを飲みましょう！

Warm-up 1　● CD-45

点線部に適切な語尾を入れて，ドイツ語の文を作りましょう．
1. Dieser Saft ist frisch.　　　　→ Frisch...... Saft ist gesund.　　　gesund 健康によい
2. Diese Suppe ist heiß.　　　　→ Heiß...... Suppe schmeckt gut.　　Suppe スープ
3. Dieses Mineralwasser ist kalt.　→ Kalt...... Mineralwasser ist lecker.　lecker おいしい

3 定冠詞(類)＋形容詞 型の格変化

	男性 (m.)	女性 (f.)	中性 (n.)	複数 (pl.)
1格	d**er** gut**e** Vater	die gut**e** Mutter	d**as** gut**e** Kind	die gut**en** Kinder
2格	des gut**en** Vaters	der gut**en** Mutter	des gut**en** Kind[e]s	der gut**en** Kinder
3格	dem gut**en** Vater	der gut**en** Mutter	dem gut**en** Kind	den gut**en** Kindern
4格	den gut**en** Vater	die gut**e** Mutter	d**as** gut**e** Kind	die gut**en** Kinder

◆ 形容詞語尾の大部分は弱く -en でよい．
　ただし① 男性1格・中性1格・中性4格：冠詞(類)が性・格を明示→形容詞語尾は弱く **-e**．
　　　② 女性1格・女性4格：冠詞(類)の語尾 **-e** にそのまま連動して形容詞語尾も **-e**．

Der jung**e** Mann schenkt ihr diese weiß**e** Bluse． その若い男性は彼女にこの白いブラウスを贈る．

Das klein**e** Kind gibt ihm dieses rot**e** Hemd． その小さな子どもは彼にこの赤いシャツを手渡す．

4 不定冠詞(類)＋形容詞 型の格変化

	男性 (m.)	女性 (f.)	中性 (n.)	複数 (pl.)
1格	ein△ gut**er** Vater	eine gut**e** Mutter	ein△ gut**es** Kind	meine gut**en** Kinder
2格	eines gut**en** Vaters	einer gut**en** Mutter	eines gut**en** Kind[e]s	meiner gut**en** Kinder
3格	einem gut**en** Vater	einer gut**en** Mutter	einem gut**en** Kind	meinen gut**en** Kindern
4格	einen gut**en** Vater	eine gut**e** Mutter	ein△ gut**es** Kind	meine gut**en** Kinder

◆ 形容詞語尾の大部分は弱く -en でよい．
　ただし① 男性1格・中性1格・中性4格：形容詞語尾の **-er/-es** で性・格を明示する．
　　　② 女性1格・女性4格：冠詞(類)の語尾 **-e** にそのまま連動して形容詞語尾も **-e**．

Sein alt**er** Onkel schenkt ihm eine grün**e** Jacke． 彼の老いた叔父が彼に緑色のジャケットを贈る．

Ihr nett**es** Kind gibt ihr ein blau**es** Kleid． 彼女の親切な子どもが彼女に青いワンピースを手渡す．

Warm-up 2　CD-45

点線部に適切な語尾を入れて，ドイツ語の文を作りましょう．
1. dieser Mann： Dort steht ein groß＿＿ Mann. ／ Dieser groß＿＿ Mann ist Arzt.
2. diese Uhr： Dort liegt eine alt＿＿ Uhr. ／ Diese alt＿＿ Uhr ist teuer.
3. dieses Kind： Dort schläft ein klein＿＿ Kind. ／ Dieses klein＿＿ Kind heißt Sophie.

DIALOG 趣味について尋ねる CD-46

LEKTION 7 聞く・読む

Heute spricht Hanna mit Jürgen. Er ist ein Freund von Max.

Hanna: Welche Hobbys hast du, Jürgen? Ist Lesen dein Hobby?

Jürgen: Ja. Ich lese gern Bücher über die moderne Geschichte. Jetzt lese ich die Bücher über die Weimarer Republik.

Hanna: Das ist auch ein kompliziertes Thema für die Deutschen.

Jürgen: Ja, genau. Und du? Was für Bücher liest du gern?

Hanna: Ich lese gern japanische Literatur!

    ＊ was für ...？：どんな ...？（英：*what kind of ...?*）

文法＋α

■ 形容詞の名詞的用法

形容詞の頭文字を大文字にする．形容詞語尾は名詞に付加された場合と同じ格変化．

①男性名詞・女性名詞・複数形　→「人間」（男性・女性・人々）

  der Deutsch*e*(*m.*)　　*die* Deutsch*e*(*f.*)　　*die* Deutsch*en*(*pl.*)

  ein Deutsch*er*(*m.*)　*eine* Deutsch*e*(*f.*)　Deutsch*e*(*pl.*)

  Kennst du *den Deutschen*?　<u>そのドイツ人男性を知っていますか？</u>

②中性名詞（単数形のみ）　→「事物」（抽象物・概念）

  das Wahr*e*　真　　*das* Gut*e*　善　　*das* Schön*e*　美

  etwas Neu*es*（英：*something new*）　*nichts* Neu*es*（英：*nothing new*）

  Steht *etwas Neues* in der Zeitung? — Nein, *nichts Neues*.
    新聞に<u>何か新しいこと</u>は載っていますか？　　いいえ，<u>新しいこと</u>は<u>何も</u>載って<u>いません</u>．

ÜBUNGEN

LEKTION 7
書く・話す

A 点線部に適切な形容詞語尾を入れましょう．　CD-47

(1) Seine Schwester trinkt gern rot......... Wein und kalt......... Bier.
　彼の姉は赤ワインと冷えたビールを飲むのが好きです．

(2) Ihr Bruder trinkt gern heiß......... Milch und stark......... Kaffee.
　彼女の兄は熱いミルクと濃いコーヒーを飲むのが好きです．

(3) Meine Freundin hat braun......... Haare und schwarz......... Augen.
　私のガールフレンドは茶色い髪と黒い目をしています．

B 点線部に適切な形容詞語尾を入れましょう．　CD-48

(1) Der japanisch......... Student kauft mir ein neu......... Heft.

(2) Die deutsch......... Studentin schenkt ihm einen groß......... Tisch.

(3) Das klein......... Kind gibt ihr eine schön......... Blume.

(4) Ein alt......... Mann geht in das japanisch......... Restaurant.

(5) Eine jung......... Frau isst in dem deutsch......... Restaurant.

(6) Ein klein......... Kind spricht mit der nett......... Lehrerin.

C 名詞に形容詞を添え，必要に応じて人称代名詞を補いながら，ドイツ語の文を作りましょう．　CD-49

(1) ある勉強熱心な男子学生が，彼にこの日本語の本を贈ります．
　schenken / ein Student / dieses Buch / fleißig / japanisch

(2) その親切な先生は，彼女に1冊のドイツ語の辞書を手渡します．
　geben / der Lehrer / ein Wörterbuch / nett / deutsch

(3) 彼は自分の日本人のガールフレンドと，そのドイツ映画について話します．
　sprechen / seine Freundin / der Film / japanisch / deutsch / mit / über

(4) (私たちは) 冷えたビールを飲みましょう！ —— それはいい考えですね！
　trinken / kalt / Bier / ! // sein / eine Idee / das / gut / !

単語+α ① 日常単語

1 食料

das Essen	食事	*das* Fleisch	肉	*der* Käse	チーズ
die Suppe	スープ	*der* Fisch	魚	*der* Kuchen	ケーキ
das Brot	パン	*der* Reis	米	*der* Salat	サラダ
die Butter	バター	*das* Salz	塩	*der* Schinken	ハム
das Ei	卵	*der* Zucker	砂糖	*die* Wurst	ソーセージ

2 飲料

das Getränk	飲み物	*der* Saft	ジュース
das Wasser	水	*der* Alkohol	アルコール
der Tee	(紅)茶	*das* Bier	ビール
der Kaffee	コーヒー	*der* Wein	ワイン
die Milch	ミルク		

3 野菜・果物

das Gemüse	野菜	*die* Möhre	ニンジン	*die* Banane	バナナ
das Obst	果物	*die* Tomate	トマト	*die* Birne	洋ナシ
die Kartoffel	ジャガイモ	*die* Zwiebel	タマネギ	*die* Traube	ブドウ
der Kohl	キャベツ	*der* Apfel	リンゴ	*die* Zitrone	レモン

4 食器・器具

das Geschirr	食器	*das* Glas	グラス
der Teller	皿	*die* Tasse	カップ
der Löffel	スプーン	*die* Flasche	ビン
die Gabel	フォーク	*der* Topf	鍋
das Messer	ナイフ	*die* Pfanne	フライパン

5 身体

der Körper	身体		*das* Gesicht	顔
der Hals	首		*der* Kopf	頭
die Schulter	肩		*das* Haar	髪
der Arm	腕		*das* Auge	目
die Hand	手		*die* Nase	鼻
der Finger	指		*das* Ohr	耳
das Bein	脚		*der* Mund	口
der Fuß	足		*der* Zahn	歯

6 衣服

die Kleidung	衣服	*die* Hose	ズボン	*der* Pullover	セーター
das Kleid	ワンピース	*der* Gürtel	ベルト	*die* Krawatte	ネクタイ
der Rock	スカート	*der* Anzug	スーツ	*der* Hut	帽子
die Bluse	ブラウス	*die* Jacke	ジャケット	*der* Schuh	靴
das Hemd	シャツ	*der* Mantel	コート		

7 住居・家具

die Wohnung	住居	*die* Küche	台所	*die* Möbel	家具
das Haus	家	*die* Toilette	トイレ	*der* Tisch	机
das Zimmer	部屋	*das* Bad	浴室	*der* Stuhl	椅子
das Fenster	窓	*die* Dusche	シャワー	*das* Bett	ベッド
die Tür	ドア	*der* Garten	庭	*das* Regal	棚，本棚
die Wand	壁	*der* Keller	地下室	*der* Schrank	戸棚

単語＋α

単語+α ② 基本単語

CD-50

1 季節・月名

春 *der* Frühling	1月 *der* Januar	5月 *der* Mai	9月 *der* September
夏 *der* Sommer	2月 *der* Februar	6月 *der* Juni	10月 *der* Oktober
秋 *der* Herbst	3月 *der* März	7月 *der* Juli	11月 *der* November
冬 *der* Winter	4月 *der* April	8月 *der* August	12月 *der* Dezember

☞季節・月名はすべて男性名詞.

In diesem **Sommer** mache ich eine Reise nach Spanien. Und du?
　この夏に私はスペイン旅行に行きます．君は？

── **Im Juli** jobbe ich im Supermarkt und **im August** reise ich nach Italien.
　7月はスーパーでアルバイトして，8月にイタリアへ旅行します．

2 曜日・時間帯

月曜日 *der* Montag	週	*die* Woche	一日	*der* Tag
火曜日 *der* Dienstag	一昨日	vorgestern	朝	*der* Morgen
水曜日 *der* Mittwoch	昨日	gestern	午前	*der* Vormittag
木曜日 *der* Donnerstag	今日	heute	正午	*der* Mittag
金曜日 *der* Freitag	明日	morgen	午後	*der* Nachmittag
土曜日 *der* Samstag	明後日	übermorgen	夕方	*der* Abend
日曜日 *der* Sonntag	週末	*das* Wochenende	夜	*die* Nacht

☞曜日はすべて男性名詞．時間帯は「夜」die Nacht を除いてすべて男性名詞．

＊am Montag = montags 月曜日に / am Morgen = morgens 朝に

＊副詞的4格：jeden Tag 毎日 / jede Woche 毎週 / jedes Jahr 毎年

Am Samstag sorge ich **den ganzen Tag** für die Kinder.
　土曜日に私は一日中子どもの世話をしています．

Am spät**en Abend** gehe ich mit meiner Freundin auf eine Party.
　晩遅くに私はガールフレンドとパーティに行きます．

3　方位・方角

東	*der* Osten	前に	vorn	ここに	hier	上に	oben
西	*der* Westen	後ろに	hinten	そこに	da	下に	unten
南	*der* Süden	左に	links	あそこに	dort		
北	*der* Norden	右に	rechts	まっすぐに	geradeaus		

Entschuldigen Sie, bitte! Wie komme ich zum Hauptbahnhof?
　すみません．中央駅にはどう行ったらよいのでしょうか？

— Gehen Sie diese Straße **geradeaus** und an der Ecke **nach rechts**!
　この通りをまっすぐ行って，それから角を右へ曲がってください．

4　頻度・程度

immer	Er geht **immer** sehr spät ins Bett.	彼はいつもとても遅い時間に寝る．
meistens	Er schläft **meistens** zu lange.	彼はたいてい寝過ごしてしまう．
oft	Er fährt **oft** mit dem Auto zur Uni.	彼はしばしば車で大学に行く．
manchmal	Er kommt **manchmal** zu spät.	彼はときどき遅刻する．
selten	Er geht **selten** in die Bibliothek.	彼はめったに図書館に行かない．
nie	Er bekommt **nie** eine gute Note.	彼はけっしてよい成績をもらえない．
＊fast	Er ist mit der Arbeit **fast** fertig.	彼は課題をほとんど仕上げている．
kaum	Das ist **kaum** möglich.	それはほとんどありえない．

5　確信・推測

wirklich	Er ist **wirklich** krank.	彼はほんとうに病気だ．
sicher	Er ist **sicher** krank.	彼はきっと病気なのだ．
wahrscheinlich	**Wahrscheinlich** ist er krank.	たぶん彼は病気だろう．
vielleicht	**Vielleicht** ist er krank.	ひょっとしたら彼は病気かもしれない．
hoffentlich	**Hoffentlich** ist er gesund.	彼が健康であればよいのだが．

単語+α ③ 数字表現

CD-51

1 基数

0	null	10	zehn	20	zwanzig
1	eins	11	elf	21	einundzwanzig
2	zwei	12	zwölf	22	zweiundzwanzig
3	drei	13	dreizehn	30	dreißig
4	vier	14	vierzehn	40	vierzig
5	fünf	15	fünfzehn	50	fünfzig
6	sechs	16	sechzehn	60	sechzig
7	sieben	17	siebzehn	70	siebzig
8	acht	18	achtzehn	80	achtzig
9	neun	19	neunzehn	90	neunzig

100 [ein]hundert   1.000 [ein]tausend   10.000 zehntausend

☞ 3ケタごとにピリオドを打つ（→ 1.000.000：eine Million）か，スペースを空ける（→ 1 000 000）.

[13～19]：――zehn（英：―teen） [20～90]：――zig（英：―ty） ☞例外：dreißig

[2ケタ] 23 dreiundzwanzig（→ 3 + 20）   45 fünfundvierzig（→ 5 + 40）

[3ケタ] 365 dreihundertfünfundsechzig（→ 3 × 100 ‖ 5 + 60）

[1の形] 語末：eins（101: hunderteins） / 語頭・語中：ein（21: einundzwanzig）

2 序数

[19以下]：基数 + t   [20以上]：基数 + st

1.	erst-	6.	sechst-	20.	zwanzigst-
2.	zweit-	7.	siebt-	21.	einundzwanzigst-
3.	dritt-	8.	acht-	100.	hundertst-
4.	viert-	9.	neunt-	101.	hunderterst-
5.	fünft-	10.	zehnt-	1000.	tausendst-

☞算用数字で序数を表わす場合には，数字の後にピリオドを打つ.

[付加語] mein zweiter Sohn 私の次男   der Zweite Weltkrieg 第二次世界大戦

[序数 + ens] erstens 第一に   zweitens 第二に   drittens 第三に

3　金額

Wie viel *kostet* das? / **Was** *kostet* das?　— Das *kostet* **10,50€**.
　これはいくらですか？　10 ユーロ 50 セント［zehn Euro fünfzig］です.

Was *macht* das zusammen？　— Das *macht* zusammen **96,75€**.
　全部でいくらになりますか？　96 ユーロ 75 セント［sechsundneunzig Euro fünfundsiebzig］です.

＊ 1 Euro [ein Euro] ＝ €1,— / €1,00 / 1,—€ / 1,00€ ＝ 100 Cent
　☞金額を表わす場合には，ユーロの位とセントの位とのあいだにコンマ（小数点）を打つ.

4　時刻

Wie viel Uhr *ist es*？ / **Wie spät** *ist es*？　— *Es ist* drei **Uhr**.
　何時ですか？　　　　　　　　　　　　　　　　3時です.　＊ es：非人称表現 ☞第 12 課

Um wie viel Uhr fährst du nach München？ — Ich fahre **um** drei **Uhr**.
　君は何時にミュンヘンへ行くのですか？　　　　　3時に行きます.　＊ um：前置詞 ☞第 6 課

3 時 10 分 → 3.10 Uhr	3 Uhr 10 (drei Uhr zehn)	10 nach 3
3 時 15 分 → 3.15 Uhr	3 Uhr 15 (drei Uhr fünfzehn)	Viertel nach 3
3 時 30 分 → 3.30 Uhr	3 Uhr 30 (drei Uhr dreißig)	halb 4
3 時 45 分 → 3.45 Uhr	3 Uhr 45 (drei Uhr fünfundvierzig)	Viertel vor 4
3 時 50 分 → 3.50 Uhr	3 Uhr 50 (drei Uhr fünfzig)	10 vor 4

　☞ 3.10 Uhr（＝ 24 時間制の表記方法）の場合には，「時」と「分」のあいだにピリオドを打つ.

5　年月日

［年号］～1999 年：1997 neunzehnhundertsiebenundneunzig（→ 19 × 100 ‖ 7 ＋ 90）

　　　　2000 年～：2001 zweitausendeins（→ 2 × 1000 ‖ 1）　☞ 1099 年以前も同様.

［月日］：定冠詞（男性）＋序数

　　　　Heute ist **der 3.** (＝ *dritte*) Oktober.　　今日は 10 月 3 日です.

　　　　Heute haben wir **den 3.** (＝ *dritten*) Oktober.

　　　　Ich bin **am 9. 11.** (＝ *neunten elften*) 1989 geboren.
　　　　　私は 1989 年 11 月 9 日に生まれました.　＊ am ＝ an dem：前置詞 ☞第 6 課文法＋α

LEKTION 8 昼食を食べに行く ——話法の助動詞／未来形——

● CD-52

Wohin willst du gehen? — Ich will ins Restaurant gehen.
君はどこへ行くつもりですか？　　　　　私はレストランに行くつもりです．

GRAMMATIK
理解する

1 話法の助動詞の種類／現在人称変化

können	[可能性]…できる，…かもしれない	müssen	[必然性]…ねばならない，…にちがいない
wollen	[主語の意志]…するつもりだ	sollen	[主語以外の意志]…すべきだ，…だそうだ
dürfen	[許可]…してもよい	mögen	[推量・好み]…かもしれない，…を好む
	（[禁止] …してはならない）	→ möchte	[願望]…したい

	können	müssen	wollen	sollen	dürfen	mögen	
ich	kann△	muss△	will△	soll△	darf△	mag△	möchte△
du	kannst	musst	willst	sollst	darfst	magst	möchtest
er	kann△	muss△	will△	soll△	darf△	mag△	möchte△
wir	können	müssen	wollen	sollen	dürfen	mögen	möchten
ihr	könnt	müsst	wollt	sollt	dürft	mögt	möchtet
sie	können	müssen	wollen	sollen	dürfen	mögen	möchten

2 話法の助動詞の構文

話法の助動詞が定動詞の位置に置かれ，**不定詞**が**文末**に置かれる（**ワク構造**）．

> Er [kann] sehr gut Deutsch [sprechen]. 彼はとても上手にドイツ語を話すことができます．
> [Kann] er auch Französisch [sprechen]? 彼はフランス語も話すことができますか？

Warm-up 1 ● CD-52

冒頭の語句に続けて【　】内の語句を適切に並べ替え，変化させてドイツ語の文を作りましょう．
1. Mein kleiner Sohn 私の小さな息子は【gut 上手に　tanzen 踊る　können ことができる】．
2. Sie 彼女は【das deutsche Buch そのドイツ語の本を　lesen 読む　müssen ねばならない】．
3. Ich 私は【eine schwarze Katze 黒猫を　haben 持つ（飼う）　wollen つもりだ】．

können	**Kann** ich jetzt nach Hause **gehen**?	もう家へ帰ってもいいですか？
	Er **kann** noch zu Hause **bleiben**.	彼はまだ家にいるかもしれない．
müssen	**Muss** ich sofort ins Büro **gehen**?	すぐオフィスへ行かねばなりませんか？
	Sie **muss** schon im Büro **sein**.	彼女はもうオフィスにいるにちがいない．
wollen	Ich **will** heute mit dem Bus **fahren**.	私は今日，バスで行くつもりです．
	Wollen wir ins Restaurant **gehen**?	レストランへ行きましょうか？
sollen	Er **soll** gleich zu mir **kommen**.	彼にすぐ私のところに来てもらいたい．
	Er **soll** heute krank im Bett **liegen**.	彼は今日，病気で寝ているそうです．
	Soll ich zu Ihnen **kommen**?	私があなたのところへ行きましょうか？
dürfen	**Darf** man hier **rauchen**?	ここで喫煙してもよいのですか？
	Hier **darf** man nicht **rauchen**.	ここでは喫煙してはいけません．
mögen	Sie **mag** etwa 20 Jahre alt **sein**.	彼女は20歳くらいかもしれない．
	Ich **möchte** sie gern **sprechen**.	私はぜひ彼女と会って話がしたい．

3 特殊な現在人称変化　werden

ich	werde	wir	werden	
du	**wirst**	ihr	werdet	
er	**wird**	sie	werden	→ Sie werden

① **動詞**：「...になる」（英：become）

　　Er **wird** Arzt.　彼は医者になります．　　Sie **wird** 28 Jahre alt.　彼女は28歳になります．

② **未来・推量の助動詞**：「...だろう」＊話者の意志などを表わす場合もある．☞ 文法+α

　　Er **wird** morgen früh nach München **fahren**.　彼は明日の朝，ミュンヘンへ行くでしょう．

③ **受動の助動詞**：「...される」＊受動態 ☞ 第13課

Warm-up 2　CD-52

適切な助動詞を適切な形にして点線部に入れ，ドイツ語の文を作りましょう．

1. .... Sie ein Foto von uns machen?　私たちの写真を撮っていただけますか？
2. .... ich hier fotografieren?　ここで写真を撮ってもよいのですか？
3. Wo .... ich auf Sie warten?　どこであなたを待ちましょうか？

DIALOG　昼食を食べに行く　CD-53　　　　　　　　　　　　LEKTION 8
聞く・読む

Heute geht Max mit Hanna zu Mittag essen.

Max: Wohin willst du? Ich möchte japanisch essen.

Hanna: Das ist eine gute Idee. Kannst du das Restaurant dort sehen?

　　　　Das soll ein gutes japanisches Restaurant sein.

Max: Ich kenne es schon. Es ist ein berühmtes Restaurant,

　　　also wird es bald fast voll sein.

Hanna: Dann müssen wir sofort dahin!

文法＋α

■ 話法の助動詞の独立用法（本動詞の省略）

　Sie **kann** gut Deutsch [*sprechen, lesen, schreiben, usw.*].
　　彼女はドイツ語がよくできる［話したり，読んだり，書いたりすることができる］．

　Wohin **willst** du [*gehen*]? — Ich **muss** zum Arzt [*gehen*].
　　君はどこへ行くつもりなのですか？　私は医者に行かねばなりません．

■ 未来形の用法

　werden を用いた未来形の文は，〈話者の意志〉・〈現在の推量〉などを表わす場合もある．

　［話者の意志］　Ich **werde** das nie vergessen.　　私はそれをけっして忘れないつもりだ．
　［現在の推量］　Er **wird** jetzt wohl zu Hause sein.　彼はいまごろたぶん家にいるでしょう．
　［相手への要請］Du **wirst** jetzt ins Bett gehen!　　お前はもう寝なさい！

　＊〈単純な／確定した未来〉を表わす場合は現在形を用いる．未来形には推量等の主観的な含意がある．
　　Meine Mutter hat morgen Geburtstag.　　私の母は明日が誕生日です．

ÜBUNGEN

LEKTION 8
書く・話す

A 話法の助動詞を加えてドイツ語文を書き換えましょう．　　　CD-54

(1) müssen : Ich lerne am Vormittag für die Prüfung.　　私は午前中に試験勉強をします．

(2) müssen : Geht sie am Nachmittag auf die Post?　　彼女は午後に郵便局に行きますか？

(3) können : Er isst mit seiner Mutter im Restaurant.　　彼は母とレストランで食事をします．

(4) können : Fährst du mit dem Auto in die Stadt?　　君は車で町へ行くのですか？

B 話法の助動詞を加えてドイツ語文を書き換えましょう．　　　CD-55

(1) wollen : In diesem Sommer komme ich zu Ihnen.　　この夏に私はあなたのところに行きます．

(2) wollen : Gehst du am Wochenende zur Uni?　　君は週末に大学へ行くのですか？

(3) sollen : An der Uni studiert sie Japanologie.　　大学で彼女は日本学を専攻しています．

(4) dürfen : Nach dem Essen geht er nach Hause.　　食事の後に彼は帰宅します．

(5) möchte : Vor der Arbeit schlafe ich zu Hause.　　仕事の前に私は家で眠ります．

C 必要に応じて人称代名詞を補いながら，ドイツ語の文を作りましょう．　　　CD-56

(1) その日本食レストランは，いまごろ満席になっているでしょう．
　　werden / sein / das Restaurant / japanisch / jetzt / voll

(2) 授業の後で，彼は友人たちと映画を観に行くでしょう．☞「授業の後で」を文頭に
　　werden / gehen / der Unterricht / seine Freunde / nach / mit / ins Kino

(3) 君は今晩何を食べるつもりですか？——私はイタリア料理を食べたいですね．
　　wollen / heute Abend / essen / was / ? // italienisch / möchte / essen

(4) 私は誰の手も借りずに働かねばなりません．——（私があなたに）手を貸しましょうか？
　　müssen / arbeiten / Hilfe / ohne // können / helfen / ?

☞ 80 頁　表現＋α　［〜LEKTION 8］5 食事に行く　　　　　　　　　　　表現する

LEKTION 9 駅の窓口で尋ねる ——分離動詞／接続詞と副文——

● CD-57

Ich weiß nicht, wann der Zug abfährt. — Er fährt um 10 Uhr ab.
その列車が何時に出発するのか，私は知りません． それは10時に出発します．

GRAMMATIK
理解する

1 複合動詞

複合動詞：前綴り + 動詞 →前綴りが分離する動詞／しない動詞の2種類がある．

① **分離動詞**：アクセントのある前綴り + 動詞

  áufstehen = auf + stehen　立ち上がる／起きる　（英：*stand up* / *get up*）

  zurúckkommen = zurück + kommen　帰ってくる　（英：*come back*）

  ☞ 辞書では **auf|stehen** のように前綴りと動詞の間に | を入れて分離動詞を表示する．

② **非分離動詞**：アクセントのない前綴り + 動詞

  非分離前綴り：**be- emp- ent- er- ge- ver- zer-；miss-**

  verstéhen　理解する，**bekómmen**　獲得する　など．

2 分離動詞の構文

分離動詞の**前綴り**は，通常の文では**分離**して**文末**に置かれる（**ワク構造**）．

> Er **steht** jeden Morgen um 9 Uhr **auf**.　　彼は毎朝9時に起きます．
> **Stehst** du jeden Morgen um 8 Uhr **auf**?　　君は毎朝8時に起きるのですか？
> Ich **muss** jeden Morgen um 7 Uhr **aufstehen**.　　私は毎朝7時に起きねばなりません．
>
> ☞ 助動詞が作るワク構造のなかで，分離動詞は文末で不定形となる．

＊分離動詞の構文も助動詞の構文も，いずれも〈ワク構造〉の一種．　☞語法＋α ②語の配置

Warm-up 1　● CD-57

主語に続けて【　】内の語句を使って，ドイツ語の文を作りましょう．

1. **ab|fahren**：Ich 私は【heute 今日　mit dem Auto 車で　abfahren 出発する】．
2. **an|kommen**：Der Bus そのバスは【bald まもなく　in München ミュンヘンに　ankommen 到着する】．
3. **um|steigen**：Wir 私たちは【in Leipzig ライプツィヒで　umsteigen 乗り換え　müssen ねばならない】．

3 従属接続詞と副文

従属接続詞 に導かれる 副文 では，**定動詞**は**文末**に置かれる（**ワク構造**）．

> Sie **bekommen** eine gute Note, **wenn** Sie fleißig **lernen**.
> ――――主文――――　　　　　　　――――副文――――
> あなたはよい成績をもらえます．　もし一所懸命に勉強するならば，

* 主文：単独で完結した文（→定動詞第2位の原則）　副文：主文に組み込まれ従属する文
* 従属接続詞：副文を導く接続詞　**wenn** もし...ならば，**weil** ...であるから，**dass** ...ということ　など．

Ich will viel lernen, **weil** ich eine Prüfung **machen muss**.
　試験を受けねばならないので，私はたくさん勉強するつもりでいます．☞助動詞は文末に置く．

Er sagt, **dass** er jeden Morgen um 6 Uhr **aufsteht**.
　彼は，自分は毎朝6時に起きている，と言います．☞ワク構造のなかで分離動詞は文末で一体化する．

◆ 副文が先行する場合，主文の定動詞は副文の直後に置く（→定動詞第2位の原則）．

Wenn Sie fleißig lernen, **bekommen** Sie eine gute Note.

Weil ich eine Prüfung machen muss, **will** ich viel lernen.

4 疑問詞と間接疑問文

疑問副詞：　**wann** いつ？　**wo** どこ？　**wie** どのように？　**warum** なぜ？　など．
疑問代名詞：**wer** 誰？　　**was** 何？　☞第5課 文法+α　＊疑問詞は文頭に置く（☞第1課）．

Warum lernt er so viel?　　　　なぜ彼はそんなにたくさん勉強するのですか？
　— _Weil_ er eine Prüfung _machen muss_.　試験を受けねばならないからです．

◆ 疑問詞を用いた 間接疑問文 も副文となり，定動詞は文末に置かれる（ワク構造）．

Sie fragt ihn. **Wann fährt** der Zug nach Kassel **ab**?
→ Sie fragt ihn, **wann** der Zug nach Kassel **abfährt**.
　彼女は彼に，いつ（何時に）その列車がカッセルへ出発するのか，と尋ねます．

Warm-up 2　CD-57

従属接続詞・疑問詞に続けて【　】内の語句を適切に使って，ドイツ語の文を作りましょう．
1. Ich lese deutsche Bücher, **wenn**【ich 私は　Zeit 時間を［が］　haben 持っている［ある］】．
2. Ich mag Katzen, **weil**【sie 彼らが　frei 自由　sein である】．
3. Seine Frau will wissen, **wer**【diese schöne Frau この美しい女性　sein である】．

DIALOG 駅の窓口で尋ねる ●CD-58

LEKTION 9
聞く・読む

Am Hauptbahnhof fragt Hanna einen Angestellten.

Hanna: Wann fährt der nächste ICE nach Weimar ab?

Angestellter: Um 10 Uhr 5. Wissen Sie, dass Sie umsteigen müssen?

Hanna: So? Ich weiß leider nicht, wo ich umsteigen muss.

Angestellter: Wenn der Zug in Leipzig ankommt, steigen Sie dort um!

Hanna: Um wie viel Uhr komme ich in Weimar an?

Angestellter: Gegen Mittag kommen Sie bestimmt am Bahnhof an.

* Angestellter（1格）／Angestellten（4格）：
  （男性の）駅員（形容詞の名詞的用法 ☞ 第7課 文法＋α）
* gegen：…の頃に（おおよその時間）

文法＋α

■ 例外的な現在人称変化：wissen

ich	**weiß**△	wir	wissen
du	**weißt**	ihr	wisst
er	**weiß**△	sie	wissen

→ *Sie* wissen ☞ 話法の助動詞と同型の変化.

wissen：[知識として] 知っている ↔ **kennen**：[経験を通じて] 知っている

Max **kennt** die Studentin, aber **weiß** ihre Adresse nicht.
　マックスはその女子学生のことを知っている（面識がある）が，彼女の住所は知らない．

■ 並列接続詞と接続詞的副詞

並列接続詞：主文と主文を対等に結びつける．語順に影響を与えない．aber, denn, und　など．

Er kommt oft zu spät, **denn er schläft** meistens zu lange.
　彼はよく遅刻する．というのも彼はたいてい寝過ごすからだ．　☞ **denn**：補足説明（英：for）

接続詞的副詞：接続詞のように文を結びつける副詞（→ 定動詞第2位）．also, dann, so　など．

Er schläft meistens zu lange, **also kommt er** oft zu spät.
　彼はたいてい寝過ごしてしまう．だから彼はしばしば遅刻する．

ÜBUNGEN

LEKTION 9
書く・話す

A 未来形の文を現在形の文に書き換えましょう. 　CD-59

(1) Der Bus wird heute um 12 Uhr 20 von Berlin abfahren.
    そのバスは今日 12 時 20 分にベルリンを出発するでしょう.

(2) Der Zug wird morgen um 13 Uhr 30 in Frankfurt ankommen.
    その列車は明日 13 時 30 分にフランクフルトに到着するでしょう.

(3) Wann werden Herr und Frau Weber in Kassel umsteigen?
    ヴェーバーさんご夫妻はいつ（何時に）カッセルで乗り換えるのでしょうか？

(4) Herr und Frau Weber werden den Fahrplan gut verstehen.
    ヴェーバーさんご夫妻は時刻表を十分に理解するでしょう.

B 必要に応じて [　] の接続詞を補い，前文と後文をつなげましょう. 　CD-60

(1) Mein Onkel dankt seinen Kindern. Sie helfen ihm immer. [weil]

(2) Du wirst gesund sein. Du stehst jeden Morgen früh auf. [wenn]

(3) Ich weiß nicht. Wann kommt der Zug in Köln an?

(4) Meine Tante fragt mich. Wo muss sie umsteigen?

C 必要に応じて単語を補いながら，日本語をドイツ語に直しましょう. 　CD-61

(1) あなたは明日何時に起きるのですか？ ―― 5 時に起きなければなりません.
    um wie viel Uhr / morgen / aufstehen / ? // müssen / aufstehen

(2) なぜ彼は一所懸命に働くのですか？ ―― たくさんお金がほしいからです.
    warum / arbeiten / fleißig / ? // weil / möchte / bekommen / viel Geld

(3) 彼女は，今夜は試験のために勉強するつもりだ，と言っています.
    sagen // lernen / wollen / dass / heute Abend / die Prüfung / für

(4) そのバスがいつブレーメンへ出発するのか，君は知らないのですか？
    wissen / nicht // wann / abfahren / der Bus / Bremen / nach / ?

LEKTION 10 休暇の計画を尋ねる —— zu 不定詞／再帰代名詞 ——

● CD-62

Hast du vor, München zu besuchen? — Ich freue mich darauf.

ミュンヘンを訪れる予定があるのですか？　　　　　　私はそうするのを楽しみにしています．

GRAMMATIK _____ 理解する

1 zu 不定詞

> 不定詞は句末に置く：*in Wien Musik* **zu studieren**　　　ウィーンで音楽を学ぶ（こと）
> 　　　　　　　　☞ 英：**to study** *music in Vienna*
> 分離動詞の場合：**ab|fahren** → *nach Wien* **abzufahren**　　ウィーンへ出発する（こと）

■ zu 不定詞句の用法

zu 不定詞がひとまとまりの句を作る場合，原則として前後をコンマで区切る．

［主　語］*Es* ist sehr wichtig, *fleißig Deutsch* **zu lernen**.
　　　　　一所懸命にドイツ語を学ぶことはとても重要です．

　　　　　（＝ *Fleißig Deutsch* **zu lernen** ist sehr wichtig.）

［目的語］Ich habe vor, *nächste Woche nach Wien* **zu fahren**.
　　　　　私は来週ウィーンへ行く予定です．

［付加語］Heute habe ich keine Zeit, *meinen Freund* **anzurufen**.
　　　　　私は今日，ボーイフレンドに電話をかける時間がありません．

■ 前置詞＋ zu 不定詞

Sie geht nach Wien, **um** Musik **zu studieren**.　　彼女は音楽を学ぶためにウィーンへ行く．

Aber sie fährt ab, **ohne** ein Wort **zu sagen**.　　しかし彼女は一言も言うことなく出発する．

Heute geht er ins Kino, **statt** zur Uni **zu gehen**.　　今日，彼は大学へ行く代わりに映画に行く．

Warm-up 1 ● CD-62

次の語句を使って zu 不定詞句を作りましょう．

1. immer いつも　　zu spät 遅れて　　kommen 来る
2. morgen 明日　　um 6 Uhr 6時に　　ankommen 到着する
3. von ihm 彼から　　ein Geschenk プレゼントを　　bekommen もらう

2 再帰代名詞

	単数			複数			敬称
1格	ich	du	er/sie/es	wir	ihr	sie	Sie
3格	mir	dir	sich	uns	euch	sich	sich
4格	mich	dich	sich	uns	euch	sich	sich

再帰代名詞：主語と同一のものを示す（主語に再び帰る）3格・4格の代名詞．

 ［人称代名詞4格］Ich wasche **ihn**. 私は彼の身体を洗う．

 ［再帰代名詞4格］Ich wasche **mich**. 私は自分の身体を洗う．

 ［再帰代名詞3格］Ich wasche **mir** die Hände. 私は自分の手を洗う．

◆ 1人称・2人称は人称代名詞と同形だが，3人称（および敬称2人称）は **sich**．

 ［人称代名詞］*Er* setzt **ihn** auf den Stuhl. 彼は（自分とは別の）彼を椅子に座らせる．

 ［再帰代名詞］*Er* setzt **sich** auf den Stuhl. 彼は椅子に座る（←自分自身を座らせる）．

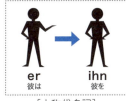
［人称代名詞］

［再帰代名詞］

3 再帰動詞

再帰代名詞（多くは4格）が動詞と結びつき，1つのまとまった意味を表わす．→再帰動詞

Er **interessiert sich für** *das Buch*.（= Das Buch interessiert ihn. ☞第12課：他動詞）
 彼はその本に興味をもっています．＊für＋4格

Sie **freuen sich** schon **auf** *die Sommerferien*.
 彼らはいまから夏休みを楽しみにして（待って）います．＊auf＋4格

Ich **freue mich über** *das Geschenk*. 私はプレゼントを嬉しく思う．＊über＋4格

Wir **erinnern uns** noch **an** *unsere Großmutter*.
 私たちはまだ祖母のことを覚えています．＊an＋4格

Warm-up 2　CD-62

日本語に合わせて（　　）に人称代名詞か再帰代名詞を入れましょう．

1. Ich kaufe (　　) einen roten Rock. 私は彼女に赤いスカートを買う．
2. Ich kaufe (　　) eine schwarze Hose. 私は自分に黒いズボンを買う．
3. Sie kauft (　　) ein weißes Hemd. 彼女は自分に白いシャツを買う．

DIALOG　休暇の計画を尋ねる　CD-63

LEKTION 10
聞く・読む

Hanna fragt Max nach dem Plan in den großen Ferien.

Hanna: Hast du Lust, in den Ferien irgendwohin zu gehen?

Max: Ich habe vor, wieder nach München zu fahren.

Hanna: Ich interessiere mich für deinen Plan!

　　　　 Du freust dich, deine japanische Freundin wiederzusehen, oder?

Max: Sie ist nun in Japan, denn sie muss ein Examen machen.

　　　 Und sie ist eigentlich nur eine Freundin von mir!

＊ fragen nach ＋ 3格 ：…のことを尋ねる．（☞第6課 文法＋α）

文法＋α

■ **haben/sein ＋ zu 不定詞**

haben ＋ zu 不定詞 ：…しなければならない（＝ müssen）

Sie **hat** das Abitur **zu** machen.　彼女は高校卒業試験を受けなければならない．

sein ＋ zu 不定詞 ：① …されうる　② …されねばならない

Dieser Computer **ist** gleich **zu** reparieren.　このコンピュータはすぐに修理できる／されねばならない．

■ **再帰代名詞3格をとる再帰動詞　例：vorstellen**

① 他動詞（… に … を紹介する）：　Ich *stelle* **dir** seinen Bruder *vor*.
　　　　　　　　　　　　　　　　　　私は君に彼のお兄さんを紹介します．

② 再帰代名詞4格（自己紹介する）：Ich *stelle* **mich** seinem Bruder *vor*.
　　　　　　　　　　　　　　　　　　私は彼のお兄さんに自己紹介します．

③ 再帰代名詞3格（思い浮かべる）：Ich kann **mir** seinen Bruder noch *vorstellen*.
　　　　　　　　　　　　　　　　　　私は彼のお兄さんの姿をいまでも思い浮かべられます．

ÜBUNGEN

LEKTION 10
書く・話す

A 例にならって後ろの文を zu 不定詞句に直したうえで，前の文につなげましょう． 　CD-64

（例） Ich habe vor. / Ich fahre nächsten Monat nach München.
　　→ Ich habe vor, *nächsten Monat nach München* **zu** **fahren**.
　　私は来月ミュンヘンに行く予定です．

(1) Ich habe den Wunsch. / Ich mache eine Reise um die Welt.
　　→ 世界一周旅行をするのが私の願いです．

(2) Es ist sehr gesund. / Man steht jeden Morgen früh auf.
　　→ 毎朝早起きすることはとても健康的です．

(3) Er hat keine Lust. / Er hilft seinem Vater bei der Arbeit.
　　→ 彼には父親の仕事を手伝う気がまったくありません．

(4) Haben Sie Zeit? / Sie rufen mich heute Abend an.
　　→ 今晩私に電話をくれる時間はありますか？

B 必要に応じて単語を補いながら，日本語をドイツ語に直しましょう． 　CD-65

(1) 私はドイツの文化と歴史に興味をもっています．
　　interessieren / deutsche Kultur und Geschichte

(2) 彼はいまからドイツ旅行を楽しみにしています．
　　freuen / schon / die Reise / Deutschland / nach

(3) 君はまだ君のドイツでの生活のことを覚えていますか？
　　erinnern / noch / dein Leben / Deutschland / in

C 必要に応じて単語を補いながら，日本語をドイツ語に直しましょう． 　CD-66

(1) 彼女は友人といっしょに外国旅行をすることを予定しています．
　　vorhaben // machen / ihre Freundin / eine Reise / ins Ausland / mit

(2) 彼女と旅行の計画について話すために，私はベンチに座ります．
　　setzen / die Bank / auf // sprechen / der Reiseplan / mit / über

(3) 明日の朝にイタリアへ出発するために，彼らはもう寝なければなりません．
　　gehen / ins Bett / schon // abfahren / morgen früh / Italien / nach

(4) 鉄道でヨーロッパを旅行することを，彼女はいまから楽しみにしています．
　　freuen / schon // reisen / die Bahn / durch Europa / mit

☞ 80頁 表現＋α ［～ LEKTION 10］ 6 計画を尋ねる 　　　　　　表現する

LEKTION 11 旅の体験を語る（１）―動詞の３基本形／過去形―

 CD-67

Als ich das Museum besuchte, fand eine Ausstellung statt.
私がその博物館を訪れたとき，ある展覧会が開かれていました．

GRAMMATIK
理解する

1 動詞の３基本形

動詞の３基本形（不定詞・過去基本形・過去分詞）には，３つのパターンがある．

	［不定詞］	［過去基本形］	［過去分詞］
① 規則変化	——en	——te	ge——t
	kaufen	kaufte	gekauft
	arbeiten	arbeitete	gearbeitet ＊口調上のe
② 不規則変化（1）	——en	～	ge～en
	kommen	kam	gekommen
	gehen	ging	gegangen
③ 不規則変化（2）	——en	～te	ge～t
	bringen	brachte	gebracht
	kennen	kannte	gekannt
■ 重要な不規則動詞	sein	war	gewesen
	haben	hatte	gehabt
	werden	wurde	geworden

 CD-67

次の動詞の３基本形を完成させましょう（不規則変化は独和辞典で調べましょう）．
1. ［規則変化］　wohnen 住む　—　................　—　................
2. ［不規則変化］　essen 食べる　—　................　—　................
3. ［不規則変化］　denken 考える　—　................　—　................

56

■ 過去分詞に ge- が付かない動詞

① ─ieren   studieren ― studierte ― △**studiert**
② 非分離動詞 bekómmen ― bekam   ― △**bekommen**

＊第1音節にアクセントがない動詞①・②は，過去分詞に ge- が付かない.

2 動詞の過去人称変化

過去形も主語の人称と数に応じて動詞の語尾が変化する（現在形と似たパターン）.

[不定詞]	kaufen	gehen	haben	werden	sein	können
[過去基本形]	**kaufte**	**ging**	**hatte**	**wurde**	**war**	**konnte**
ich ―△	kaufte△	ging△	hatte△	wurde△	war△	konnte△
du ―st	kauftest	gingst	hattest	wurdest	warst	konntest
er ―△	kaufte△	ging△	hatte△	wurde△	war△	konnte△
wir ―[e]n	kauften	gingen	hatten	wurden	waren	konnten
ihr ―t	kauftet	gingt	hattet	wurdet	wart	konntet
sie ―[e]n	kauften	gingen	hatten	wurden	waren	konnten

Wo **waren** Sie im letzten Monat? ― Ich **war** in Weimar.
あなたは先月どこに行っていたのですか？   私はヴァイマルに行っていました.

✦ 過去形は主に物語・記事等で用いられ，会話では現在完了形（☞第12課）が主に用いられる.
ただし sein, haben, 話法の助動詞については，会話であっても過去形がよく用いられる.

3 分離動詞の3基本形／過去形

ankommen ― kam … an ― **an**gekommen

＊動詞本体 kommen ― kam ― gekommen に前綴り an が付加される.

Der Zug **kam** gestern um 23 Uhr in Berlin **an**.
その列車は昨日23時にベルリンに到着しました.

Als der Zug in Berlin **ankam**, war er müde.
列車がベルリンに到着したとき，彼は疲れていました.   ＊als：…したとき（従属接続詞）☞文法＋α

Warm-up 2 CD-67

次の不定詞を過去形にして点線部に入れましょう.

1. kennen: Auf der Party ＿＿＿ ich niemand.   パーティで私は誰も知らなかった.
2. bringen: Er ＿＿＿ mir ein Glas Wein.   彼が私にワインを1杯持ってきてくれた.
3. werden: Wir ＿＿＿ Freunde.   私たちは友達になった.

DIALOG 旅の体験を語る（1）

LEKTION 11
聞く・読む

Max erinnert sich, dass Hanna neulich Weimar besuchte.

Max: Wie war deine kleine Reise nach Weimar im letzten Monat?

Hanna: Die war sehr schön! Ich konnte die Reise genießen.

Max: Was für einen Plan hattest du eigentlich?

　　　　Wolltest du in Goethes Wohnhaus oder in Schillers gehen?

Hanna: Ich wollte das Bauhaus-Museum besuchen.

　　　　Als ich das Museum besuchte, fand eine Ausstellung statt.

文法＋α

■ 従属接続詞 als と wenn

als：過去の一回限りの出来事を示す．「...したとき」

Als ich meine Tante besuchte, spielte sie Klavier.
　私が叔母のところを訪ねたとき，彼女はピアノを弾いていました．

wenn ① 反復的な事柄．「...する（した）ときはいつでも」
　　　　② 条件・仮定．「もし...ならば」

Wenn ich meine Tante besuchte, spielte sie immer Klavier.
　私が叔母のところを訪ねるたびに，いつも彼女はピアノを弾いたものでした．

Wenn das Wetter schön ist, fahre ich nach Weimar.
　もし天気がよければ，私はヴァイマルに向けて出発します．

ÜBUNGEN

LEKTION 11
書く・話す

A 現在形の文を過去形の文に書き換えましょう． 　　　　　CD-69

(1) Angela Merkel besucht die Uni in Ostberlin und studiert Physik.
　　アンゲラ・メルケルは東ベルリンの大学に通い，物理学を専攻しています．

(2) Ihr Mann und sie wohnen in Ostberlin und arbeiten als Physiker.
　　彼女の夫と彼女は東ベルリンに住み，物理学者として働いています．

(3) Sie denkt an die Zukunft des Landes, dann geht sie in die Politik.
　　彼女は国の将来のことを考え，それから政界へと進んでいきます．

B 現在形の文を過去形の文に書き換えましょう． 　　　　　CD-70

(1) Bist du müde? Du hast sicher Fieber. — Nein, ich bin sehr gesund.

(2) Mein Bruder ist Arzt und hat zwei Söhne. Sie werden auch Ärzte.

(3) Sie kommen zu Hause an, dann fahren sie gleich zum Bahnhof ab.

(4) Wohin wollen Sie gehen? — Wir wollen in die Ausstellung gehen.

(5) Kannst du Japanisch? — Ich kann noch nicht so gut Japanisch.

C 必要に応じて人称代名詞を補いながら，過去形の文を作りましょう． CD-71

(1) 叔父が昨日私を訪ねてきたとき，私はフランス語の勉強をしていました．
　　als / besuchen / mein / Onkel / gestern // lernen / Französisch

(2) 私が叔母のもとに住んでいたとき，彼女は医者として働いていました．
　　als / wohnen / mein / Tante / bei // arbeiten / Ärztin / als

(3) 天気がよかったときは，私たちはいつもサッカーをしたものでした．
　　wenn / sein / das Wetter / schön // spielen / Fußball / immer

(4) 昨日 [☞文頭に] 彼は一日中家にいた，というのも彼は熱があったからです．
　　sein / zu Hause / gestern / den ganzen Tag // haben / Fieber / denn

LEKTION 12 旅の体験を語る（2）——現在完了形／非人称表現——

● CD-72

Hast du Weimar besucht? — Ja. Es gefällt mir in Weimar.
君はヴァイマルを訪れたのですか？　　はい．私はヴァイマルが気に入っています．

GRAMMATIK
理解する

1 現在完了形：haben / sein ……… 過去分詞．

haben/sein が定動詞の位置に置かれ，過去分詞が文末に置かれる（ワク構造）．

> Sie **hat** gestern zu Hause **gearbeitet**.　彼女は昨日，家で仕事（勉強）をしました．
> Sie **ist** vorgestern zur Party **gegangen**.　彼女は一昨日，パーティへ行きました．

■ 完了の助動詞 haben / sein

① **haben 支配**：多くの場合 haben が完了の助動詞となる．
② **sein 支配**：行く・来る・なる などの自動詞の場合．
　1) 場所の移動：gehen 行く，kommen 来る　など．
　2) 状態の変化：werden なる，sterben 死ぬ　など．
　3) 若干の例外：sein である，bleiben とどまる　など．

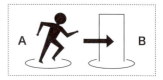

sein 支配（1）場所の移動

Hat er schon seine Fahrkarte **bekommen**?
彼はもう自分の乗車券を手に入れたのですか？

Er **ist** diesen Morgen nach Köln **abgefahren**.
彼は今朝，ケルンへ出発しました．

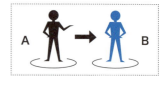

sein 支配（2）状態の変化

Er **ist** letzte Woche 23 Jahre alt **geworden**.
彼は先週，23 歳になりました．

◆ 過去の事柄を表わす場合，会話では（過去形よりも）主に現在完了形が用いられる．☞第 11 課

Warm-up 1　● CD-72

点線部に haben か sein を補い，続けて【　】内の語句を使って，現在完了形の文を作りましょう．
1. Ich 私は …………………【gestern 昨日　italienisch イタリア料理を　essen 食べる（→食べた）】．
2. Der Bus バスは …………【immer いつも　zu spät 遅れて　kommen 来る（→来た）】．
3. Sie 彼女は ………………【einmal かつて　Physik 物理学を　studieren 専攻する（→専攻した）】．

2 他動詞と自動詞

◆ [他動詞]：4格目的語をとる動詞

besuchen	Ich **habe** *die Stadt* **besucht**.	私はその町を訪れた.
interessieren	Das Buch **interessiert** *mich*.	その本は私には面白い.

＊ 再帰動詞：*Ich* **interessiere** *mich für* das Buch.　☞第10課

◆ [自動詞]：4格目的語をとらない動詞

fahren	Ich **bin** *in die Stadt* **gefahren**.	私はその町へ行った.
gehören	Das Buch **gehört** *mir*.	その本は私のものです.
gefallen	Das Buch **gefällt** *mir*.	私はその本が気に入っています.

3 非人称表現

① 時刻表現・自然現象・生理現象

Wie spät *ist* **es**?　— **Es** *ist* 4 Uhr.
何時ですか？　　　　　　4時です.　☞単語＋α③数字表現

Es *regnet* (*schneit*) heute.　Morgen *wird* **es** heiß (kalt).
今日は雨が降っています（雪が降っています）. 明日は暑く（寒く）なるでしょう.

Es *ist mir* kalt (warm / heiß). → *Mir ist* kalt (warm / heiß).
私は寒い（暖かい / 暑い）です.

② その他の熟語的表現

Es gibt in Weimar *das Bauhaus-Museum*.
ヴァイマルにバウハウス博物館があります.　＊ es gibt ＋ 4格：「…が存在する」

Es handelt *sich* **um** *die Zukunft des Landes*.
国の将来のことが問題なのです.　＊ es handelt sich um ＋ 4格：「…が問題である」

Wie **geht es** *Ihnen*?　— Danke, **es geht** *mir* gut.
ご機嫌いかがですか？　　　　　ありがとう, 元気です.

Wie **gefällt es** *Ihnen* in Berlin?　— **Es gefällt** *mir* gut in Berlin.
ベルリンはいかがですか？（気に入っていますか？）　私はベルリンがとても気に入っています.

Warm-up 2　 CD-72

次のドイツ語の文を日本語に訳してみましょう.

1. Wem gehört dieses Haus?
2. Was gefällt dir gut?
3. Gibt es hier eine Toilette?　＊ Toilette (f.) トイレ

DIALOG 旅の体験を語る（2）

LEKTION 12
聞く・読む

Max fragt Hanna weiter, wie ihre Reise nach Weimar war.

Max: Hast du in Weimar übernachtet?

Hanna: Ja. Vor der Abreise hatte ich ein Zimmer reserviert.

Mir war etwas kalt, aber das Zimmer hat mir gut gefallen.

Max: In Weimar gibt es ein Schloss. Bist du dahin gegangen?

Hanna: Ja, natürlich. Ich habe das Museum im Schloss besucht.

Es gefällt mir in Weimar sehr gut.

文法＋α

■ 過去完了形

過去の一定の時点よりも前に起きた事柄，完了した事柄を示す場合→過去完了形．

[haben / sein の過去形] .... 過去分詞．

Als ich am Bahnhof *ankam*, **war** der Zug schon **abgefahren**.
　私が駅に着いたときには，列車はすでに出発していました．

■ 話法の助動詞の完了形

Er **hat** gut Deutsch *sprechen* **können**.　＊ *können*：過去分詞
　彼はドイツ語を上手に話すことができました．

Er **hat** gut Deutsch **gekonnt**.　＊ *gekonnt*：過去分詞［助動詞の独立用法］
　彼はドイツ語がよくできました．

ÜBUNGEN

LEKTION 12
書く・話す

A 現在形の文を現在完了形の文に書き換えましょう. 　　　CD-74

(1) Was machst du am Wochenende? — Ich lerne für die Prüfung.
　　君は週末に何をするのですか？　　　　　　　私は試験勉強をします．

(2) Wohin gehen Sie nach dem Unterricht? — Wir gehen ins Café.
　　あなたたちは授業の後にどこへ行くのですか？　　　私たちは喫茶店に行きます．

(3) Wann fährt der Zug nach Bonn ab? — Er fährt um 22 Uhr ab.
　　ボン行きの列車はいつ出発しますか？　　　　22時に出発します．

(4) Besuchen Sie ihn? — Nein, ich bin zu Hause und rufe ihn später an.
　　あなたは彼を訪ねますか？　　いいえ，私は家にいます．そして後で彼に電話します．

B 必要に応じて単語を補いながら，ドイツ語の文を作りましょう． 　　　CD-75

(1) このカメラは私の姉のものです．彼女はそれが気に入っています．
　　gehören / diese Kamera / meine Schwester // gefallen

(2) 明日は雨が降るでしょうか？ —— はい，そして寒くなります．
　　regnen / werden / morgen / ? // werden / kalt / und / ja

(3) この町には図書館はありますが，博物館（美術館）がありません．
　　geben / eine Bibliothek / kein Museum / in dieser Stadt / aber

(4) お兄さんはお元気でしょうか？ —— ありがとう，（彼は）元気です．
　　gehen / wie / Ihr Bruder / ? // gehen / gut / danke

C 必要に応じて単語を補いながら，現在完了形の文を作りましょう． 　　　CD-76

(1) 君は昨日，家で勉強しましたか？ —— いいえ，友人と映画を観に行きました．
　　gestern / arbeiten / zu Hause / ? // gehen / ins Kino / ein Freund / mit

(2) あなたは一昨日何をしましたか？ —— デパートに行き，そこで買い物をしました．
　　vorgestern / machen / ? // besuchen / einkaufen / das Kaufhaus / und / dort

(3) その列車は何時に駅に到着しましたか？ —— 21時に到着しました．
　　ankommen / der Zug / um wie viel Uhr / am Bahnhof // 21 Uhr / ankommen

(4) 私の妻は法学を専攻しました．彼女は奨学金をもらっていました．
　　studieren / Jura / meine Frau // bekommen / ein Stipendium

☞ 81頁　表現＋α　［～LEKTION 12］7 体験を語る　　　　　　　　　　　表現する

LEKTION 13 意見を交換する（１）——受動態／比較表現——

● CD-77

Es wird gesagt, dass Japan das sicherste Land ist.
日本は最も安全な国だ，と言われます．

GRAMMATIK
理解する

1 受動態： werden ……… 過去分詞 .

werden が定動詞の位置に置かれ，**過去分詞**が**文末**に置かれる（**ワク構造**）．

［現在形］　Er **wird** *von* seiner Frau **geliebt**. 　彼は妻から愛されます．

［過去形］　Er **wurde** *von* seiner Frau **geliebt**. 　彼は妻から愛されました．

✦ 「… によって」： von ＋動作主 ／ durch ＋原因・手段

　Viele Häuser **wurden** *durch* das Erdbeben **zerstört**.
　たくさんの家屋が地震で倒壊した（破壊された）．

✦ 受動文の主語 → 能動文の４格目的語のみ可能（３格目的語は不可）．

　Er schreibt seiner Frau einen Brief . 　彼は妻に手紙を書く．

　→ Ein Brief **wird** *von* ihm seiner Frau **geschrieben**. 　手紙が彼によって妻に書かれる．

✦ 能動文の主語 man → 受動文では省略される．

　Auch in Österreich spricht *man* Deutsch. 　＊man：漠然と「人」を指す．

　→ Auch in Österreich **wird** Deutsch **gesprochen**. 　オーストリアでもドイツ語は話される．

✦ 状態受動「… されている」： sein ……… 過去分詞 .

　Das Tor **ist** heute **geschlossen**. 　その門は今日は閉まっている（閉められた状態である）．

Warm-up 1　● CD-77

次の語句と werden を使って（下線部の動詞は過去分詞にして），受動態の文を作りましょう．
1. in dieser Schule この学校では　Deutsch ドイツ語が　lernen 学ぶ（→学ばれる）
2. in Deutschland ドイツでは　viele Kartoffeln 多くのジャガイモが　essen 食べる（→食べられる）
3. die Ausstellung その展覧会は　viel たくさん　besuchen 訪ねる（→訪ねられる）

2 形容詞の比較級 —er ・最上級 —st

klein	小さい	klein**er**	klein**st**
jung	若い	jüng**er**	jüng**st**
alt	古い，年とった	ält**er**	ält**est**
groß	大きい	größ**er**	größ**t**
gut	よい	**besser**	**best**

＊不規則変化 ☞ 文法＋α

＊1音節の語の多くは幹母音が変音する． ＊語末 –s, -ß, -t, -d, -z など → 口調上の -e を挿入

① 付加語的用法

比較級・最上級についても，原級の場合とまったく同じ格変化語尾を付ける．

[比較級] Er hat *einen* **älter*en*** *Bruder*. 彼には兄が1人います．

[最上級] Tokio ist *die* **größ*te*** *Stadt* der Welt. 東京は世界最大の都市です．

② 述語的用法

[原　級] Er ist **so groß wie** ich. 彼は私と同じくらいの背の高さだ．

[比較級] Sie ist **kleiner als** ich. 彼女は私よりも背が低い．

[最上級] ① 定冠詞 ＋ —ste ： *Der Schüler* ist **der größte** in der Klasse.

② am —sten ： *Der Schüler* ist **am größten** in der Klasse.

その男子生徒はクラスでいちばん背が高い[男子生徒Schüler]です．

＊同一のものを異なる条件のもとで比較する場合 → つねに am —sten

München ist im Sommer **am schönsten**. ミュンヘンは夏が最も美しい．

3 副詞の比較級 —er ・最上級 am —sten

基本的に形容詞と同じ変化をするが，最上級はつねに am —sten となる．

[比較級] Sie kann **besser** Tennis spielen **als** ich.

彼女は私よりも上手にテニスをすることができます．

[最上級] Dieses Kleid gefällt mir **am besten**. 私はこのワンピースが最も気に入っている．

Warm-up 2 CD-77

形容詞 lang (「長い」) を使って，ドイツ語の文を作りましょう．
1. die Elbe エルベ川は der Rhein ライン川ほど長くない． 【nicht so ～ wie...】
2. die Donau ドナウ川は der Rhein ライン川より長い． 【比較級＋ als...】
3. der Nil ナイル川がいちばん長い． 【am —sten】

DIALOG 意見を交換する（1）

LEKTION 13
聞く・読む

Nächsten Monat geht Hanna nach Japan, um Japanologie zu studieren.

Max: Das Stipendium wird dir von der Uni gegeben, ne?

Hanna: Ja, ich habe Glück. Aber ich habe größere Angst vor Erdbeben.

Max: Zwar gibt es mehr Erdbeben in Japan als in Deutschland,

aber es wird gesagt, dass Japan das sicherste Land der Welt ist.

Hanna: Dabei handelt es sich doch um die Atomkraftwerke in Japan.

Die Energiepolitik soll so schnell wie möglich geändert werden.

文法＋α

■ 比較級・最上級の不規則変化

hoch	高い	höher	höchst
nah[e]	近い	näher	nächst
viel	多い	**mehr**	**meist**
gern	好んで（副詞）	**lieber**	**am liebsten**

■ 受動態と他の助動詞との組み合わせ

［話法の助動詞］受動の不定詞 過去分詞＋werden が文末に置かれる（＝ワク構造）.

Dieses Zimmer **muss** gleich **geputzt werden**. この部屋はすぐに掃除されねばならない．

［現在完了形］完了の助動詞 sein ＋ 受動の助動詞 werden の過去分詞 worden （＝ワク構造）.

Dieses Zimmer **ist** gestern **geputzt worden**. この部屋は昨日掃除された．

＊動詞 werden（…になる）の過去分詞は geworden（☞第11課）. Er **ist** Arzt **geworden**. 彼は医者になった．

ÜBUNGEN

LEKTION 13
書く・話す

A 能動文を受動文に書き換えましょう.　CD-79

(1) Seine Eltern schenken seinem Kind neue Wörterbücher.
   彼の両親は彼の子どもに何冊かの新しい辞書を贈ります.

(2) Die Uni gab dieser Studentin das Stipendium.
   大学はこの女子学生に奨学金を与えました.

(3) Auch in der Schweiz spricht man Deutsch und trinkt viel Bier.
   スイスでもドイツ語が話され，ビールがたくさん飲まれます.

(4) Gestern besuchte sie ihren Freund. Heute ruft er sie an.
   昨日，彼女はボーイフレンドを訪ねました．今日，彼は彼女に電話をかけます.

B 形容詞・副詞を適切な比較級・最上級の形に直しましょう.　CD-80

(1) Ist dein Freund klein als du? — Nein, er ist etwas groß als ich. [比較級]

(2) Er ist klein in der Klasse. Aber er ist groß in der Familie. [最上級]

(3) Wien ist die schön Stadt in Europa und im Herbst schön. [最上級]

(4) Ich trinke gern Wein. [最上級]　Aber jetzt trinke ich gern Bier. [比較級]

(5) Sie hat einen jung Bruder und eine alt Schwester. [比較級]

C 必要に応じて単語を補いながら，受動態の文を作りましょう.　CD-81

(1) 私は子どもたちからドイツの歴史について質問されます.
   fragen / meine Kinder / nach / die deutsche Geschichte

(2) 1945 年に [☞文頭に] ドレスデンは爆弾によって完全に破壊されました.
   Dresden / zerstören / Bomben / völlig　　　＊年号　☞単語＋α③数字表現

(3) 1961 年に [☞文頭に] 東ドイツ政府によってベルリンに壁が建設されました.
   Berlin / bauen / eine Mauer / die DDR-Regierung

(4) ブランデンブルク門は 1989 年以来つねに開かれています.
   das Brandenburger Tor / öffnen / seit / immer

LEKTION 14 意見を交換する（2）——関係代名詞・関係副詞——

CD-82

Was ist das beste Buch, das du je gelesen hast?
君がこれまで読んだ本のなかで，一番よかった本は何ですか？

GRAMMATIK　　　　　　　　　　　　　　　　　　　　　　　理解する

1 定関係代名詞

定関係代名詞（先行詞をもつ関係代名詞）は，定冠詞とほぼ同じ格変化をする．

	男性 (*m.*)	女性 (*f.*)	中性 (*n.*)	複数 (*pl.*)
1格	der	die	das	die
2格	dessen	deren	dessen	deren
3格	dem	der	dem	denen
4格	den	die	das	die

2 関係文の構文

1) 関係文は 副文→ワク構造.　　2) 主文と関係文の間は必ず コンマ で区切る.
3) 関係代名詞の 性・数 は先行詞と一致し，格 は関係文中の役割によって決まる.

［1格］Das ist der Mann, **der** seit zehn Jahren hier **wohnt**.
　　　こちらは10年前からここに住んでいる男性です．

［2格］Das ist der Mann, **dessen** Sohn im Ausland **arbeitet**.
　　　こちらは息子さんが外国で働いている男性です．

［3格］Das ist der Mann, **dem** wir unbedingt **helfen wollen**.
　　　こちらは私たちがぜひ助けたいと思っている男性です．

［4格］Das ist der Mann, **den** Sie lange **gesucht haben**.
　　　こちらはあなたが長いあいだ探していた男性です．

Warm-up 1　CD-82

点線部に適切な定関係代名詞を入れましょう．

1. die Frau, ... eine Blume in der Hand hat　手に花を持っている女性
2. die Frau, ... er Blumen geschenkt hat　彼が花を贈った女性
3. die Frau, ... er von Herzen liebte　彼が心から愛した女性

Das ist der Mann.　　　　　Sie **haben** lange den Mann **gesucht**.
　　　男性（1格）　　　　　　　　　　　　　　4格（その男性を）

→ Das ist der Mann, **den** Sie lange **gesucht** **haben**.
　　　　　　　　　　男性4格

✦ 関係代名詞と前置詞が結びつく場合，前置詞＋関係代名詞 が関係文の文頭に置かれる．

Das ist der Student. Ich **habe** gestern *mit dem* Studenten **gesprochen**.

→ Das ist der Student, *mit* **dem** ich gestern **gesprochen** **habe**.
　こちらは私が昨日いっしょに話をした学生さんです．

3　不定関係代名詞

先行詞をもたない関係代名詞．格変化は疑問代名詞と同一．　☞第5課 文法＋α

① **wer**：「…する人」

Wer dieses Buch **versteht**, soll die Hand heben.
　この本を理解している人は，手を挙げてください．

② **was**：「…する物・事」 ＊ alles, nichts などを先行詞とする場合がある．

Ich verstehe genug, **was** Sie mir **sagen wollen**.
　あなたが私におっしゃりたいことを，私は十分に理解しています．

Er versteht alles [nichts], **was** du **gesagt hast**.
　君が言っていたことを，彼はすべて理解しています（何ひとつ理解していません）．

4　関係副詞

先行詞が 場所 の場合，前置詞＋関係代名詞 の代わりに **wo** を使うことができる．

Er fährt in die Stadt, **wo** (= **in der**) sein Freund **wohnt**.　彼は友人の住んでいる町へ行きます．

＊先行詞が 地名 の場合は必ず **wo** を用いる．　in Berlin, **wo** sein Freund **wohnt**

Warm-up 2　CD-82

定関係代名詞に続けて【　】内の語を使って，ドイツ語の文を作りましょう．
1. Das ist das Kind, das 【das schwierige Problem その難問を　gelöst haben 解いた】．
2. Das ist das Kind, dem 【ein Stipendium 奨学金が　gegeben werden 与えられる】．
3. Das ist das Kind, das 【man 人は　ein Genie 天才と　nennen 呼ぶ】．

DIALOG 意見を交換する（2） 🔘 CD-83

LEKTION 14
聞く・読む

Heute geben Hannas Freunde eine Abschiedsparty für sie.

Jürgen: Was ist das beste Buch, das du auf Japanisch gelesen hast?

Hanna: Alle Romane, die Haruki Murakami jemals geschrieben hat！

Sie interessieren nicht nur Japaner, sondern auch Deutsche.

Jürgen: Ich verstehe, was du meinst. Aber wer Murakami begreifen will,

muss japanische Kultur verstehen, glaube ich.

Hanna: Genau. Das ist der Grund, warum ich Japanologie studieren möchte.

＊ warum：関係副詞．der Grund を先行詞として，
「なぜ…かという理由」．

文法＋α

■ 相関的な接続詞

ひと組みの接続詞が熟語のように用いられて，語句と語句とを相関させる場合がある．

Er kommt **nicht** aus Polen, **sondern** aus Jugoslawien.
　　彼はポーランド出身ではなく，ユーゴスラヴィア出身だ．

Sein Bruder spricht **nicht nur** Deutsch, **sondern auch** Russisch.
　　彼の兄はドイツ語だけではなく，ロシア語も話す．

Seine Schwester versteht **sowohl** Französisch **als auch** Italienisch.
　　彼の姉はフランス語もイタリア語も理解する．

Sein Vater kann **zwar** nicht Deutsch sprechen, **aber** sehr gut Russisch.
　　彼の父はたしかにドイツ語は話せないが，しかしロシア語はとても上手に話せる．

Sie müssen hier **entweder** Deutsch **oder** Englisch sprechen.
　　彼らはここではドイツ語か英語か（のどちらか一方）を話さなければならない．

Er versteht **weder** Deutsch **noch** Englisch.　　彼はドイツ語も英語も理解しない．

ÜBUNGEN

LEKTION 14
書く・話す

A 下線部の語を先行詞として，前文と後文を定関係代名詞でつなげましょう． CD-84

(1) Jürgen kennt die Studentin. / Sie liest gern japanische Literatur.
　　ユルゲンはその女子学生を知っています．　彼女は日本文学を読むのが好きです．

(2) Die Studentin ist sehr fleißig. / Er will ihr diesen Roman schenken.
　　その女子学生はとても勉強熱心です．　彼は彼女にこの小説を贈ろうと思っています．

(3) Dieser Roman war interessant. / Ich habe ihn gestern Abend gelesen.
　　この小説は面白かった．　私は昨晩それを読みました．

(4) Sie liest ein Buch. / Der Autor des Buches hat den Preis bekommen.
　　彼女は本を読んでいます．　その本の著者は賞をもらっています．

(5) Die Ausländer kommen aus der Türkei. / Er hat heute mit ihnen gesprochen.
　　その外国人たちはトルコ出身です．　彼は今日彼らと話をしました．

B 不定関係代名詞を補い，【　】の語を用いて，文を完成させましょう． CD-85

(1) この本を読もうと思う人は，ドイツの歴史を理解していなければならない．

　　【 lesen / wollen / dieses Buch 】, *muss die deutsche Geschichte verstehen.*

(2) 教師が学生に向かって言っていることは，つねに正しいとは限らない．

　　【 sagen / die Lehrer / die Studenten 】, *ist nicht immer richtig.*

(3) 私の先生が以前に言っていたことを，私はようやく理解しました．

　　Ich habe endlich verstanden, 【 sagen / mein Lehrer / früher 】.

C 必要に応じて単語を補いながら，日本語をドイツ語に直しましょう． CD-86

(1) ドイツで働く大多数の外国人労働者は，まずドイツ語を学ばなければなりません．

　　die meisten Gastarbeiter / arbeiten // lernen / Deutsch / zuerst / müssen

(2) 私が昨日話したトルコ人男性は，ドイツ語だけでなくドイツ文化も理解しています．

　　Der Türke / gestern / sprechen / mit // verstehen / deutsche Kultur

(3) 私たちが今日彼といっしょに観たドイツ映画は，2003 年に賞をもらっています．

　　der deutsche Film / sehen / heute // bekommen / ein Preis

(4) たくさんの親戚が暮らすベルリンで，彼は 20 年前から働いているのだそうです．

　　Berlin / viele Verwandte / leben // arbeiten / seit / zwanzig Jahre / sollen

LEKTION 15 別れと再会の約束 ――接続法――

CD-87

Wenn ich Geld hätte, würde ich auch nach Japan gehen.

お金があったら，私も日本に行くのだけれど．

GRAMMATIK

理解する

接続法：事実を記述する直説法とは違い，伝聞・仮定として事柄を叙述する語法．
「〈…である〉と言う」，「もし〈…である〉としたら」などで用いる．

1 接続法第Ⅰ式の形態　＊ 不定詞の語幹＋e をもとに作る（例外：sein）．

[不定詞]	kaufen	gehen	haben	werden	sein
[第Ⅰ式基本形]	**kaufe**	**gehe**	**habe**	**werde**	**sei**△
ich —△	kaufe△	gehe△	habe△	werde△	sei△
du —st	kaufest	gehest	habest	werdest	sei[e]st
er —△	kaufe△	gehe△	habe△	werde△	sei△
wir —n	kaufen	gehen	haben	werden	seien
ihr —t	kaufet	gehet	habet	werdet	seiet
sie —n	kaufen	gehen	haben	werden	seien

2 接続法第Ⅰ式の用法

[直接話法] Sie sagt zu mir: „*Ich* **kaufe** das Auto."　＊直説法

[間接話法] Sie sagt mir, *sie* **kaufe** das Auto.　＊接続法第Ⅰ式

　　　　　Sie sagt mir, dass *sie* das Auto **kaufe**.

　　　自分はその車を買うのだ，と彼女は私に言う．　＊間接話法では zu は省く．

◆ 接続法 第Ⅰ式 が直説法と同形になる場合は，代わりに 第Ⅱ式 [☞次ページ] を用いる．

Er sagte mir, seine Eltern **hätten** eine Bitte an mich.

　　彼の両親が私に何か頼み事がある，と彼は私に言った．　＊主文と副文で時制を一致させる必要はない．

 CD-87

次のドイツ語を，接続法第Ⅰ式に注意して日本語にしてみましょう．

1. Der Student sagt mir, er lerne jeden Tag Deutsch.　……………………………………
2. Der Politiker sagte, es sei nicht seine Schuld.　……………………………………
3. Der Mann sagte mir, er habe viel Geld.　……………………………………

3 接続法第Ⅱ式の形態   ＊過去基本形 [＋ e] をもとに作る．

[不定詞]	kaufen	gehen	haben	werden	sein
[第Ⅱ式基本形]	**kaufte**	**ginge**	**hätte**	**würde**	**wäre**
ich —△	kaufte△	ginge△	hätte△	würde△	wäre△
du —st	kauftest	gingest	hättest	würdest	wärest
er —△	kaufte△	ginge△	hätte△	würde△	wäre△
wir —n	kauften	gingen	hätten	würden	wären
ihr —t	kauftet	ginget	hättet	würdet	wäret
sie —n	kauften	gingen	hätten	würden	wären

1）規則動詞：〈過去基本形〉とまったく同じ形となる．　例）**kaufte**
2）不規則動詞：語尾に –e がない動詞には –e を付ける．　例）**ginge**
　　　　　　　幹母音の a, o, u は原則として変音する．　例）**hätte**
　　　　　　（ただし話法の助動詞 wollen, sollen は変音しない）

4 接続法第Ⅱ式の用法

① 非現実話法

　　Wenn ich reich **wäre, kaufte** ich das Auto.
　　　私がお金持ちだったら，その車を買うのだけれど．[→実際には金持ちではないので買えない]
　　Wenn ich viel Zeit **hätte, ginge** ich ins Kino.
　　　私に時間がたくさんあったら，映画を観に行くのだけれど．[→実際には時間がないので行けない]

◆ sein, haben, 話法の助動詞以外は，[würde ... 不定詞] を用いることが多い．

　→ *Wenn* ich reich **wäre, würde** ich das Auto *kaufen*.
　　　Wenn ich viel Zeit **hätte, würde** ich ins Kino *gehen*.

② その他の用法

　　[願望]　*Wenn* ich *doch* mehr Geld **hätte**!　　もっとお金があったらなあ！
　　　　　Wenn das Wetter *nur* schön **wäre**!　　天気さえよかったらなあ！
　　[婉曲]　Ich **hätte** eine Bitte an Sie.　　あなたに１つお願いがあるのですが．
　　　　　Könnten Sie das Fenster öffnen?　　窓を開けていただけますか？

Warm-up 2 CD-87

次のドイツ語を，接続法第Ⅱ式に注意して日本語にしてみましょう．
　1. Wenn er jeden Tag lernte, würde er eine bessere Note bekommen.　………………………
　2. Wenn ich Politiker wäre, würde ich so etwas nie sagen.　………………………
　3. Wenn er wirklich viel Geld hätte, würde er mir helfen.　………………………

DIALOG 別れと再会の約束

LEKTION 15
聞く・読む

Keine Party dauert ewig. Max muss sich verabschieden.

Max: Leider muss ich nun langsam nach Hause gehen.

Hanna: Schade! Hätte ich doch mehr Zeit, mit dir zu sprechen!

Max: Ja, es ist wirklich so. Ohne dich ist mir langweilig.
Wenn ich Geld hätte, würde ich auch nach Japan gehen.

Hanna: Es wäre das Beste, ein Stipendium zu bekommen, nein?

Max: Jedenfalls will ich dich in Japan wiedersehen. Bis dann!

文法＋α

■ 接続法第Ⅱ式における **wenn** の省略

① 従属接続詞 wenn が省略され，代わりに定動詞が文頭に置かれる場合．

Hätte ich viel Zeit, würde ich ins Kino gehen.
私に時間がたくさんあったら，映画を観に行くのだけれど．

Hätte ich doch mehr Geld!　もっとお金があったらなあ！

② wenn に導かれる条件文がなく，別の語で条件の含意が示される場合．

Ohne dich könnte ich mit der Arbeit nicht fertig werden.
君がいなかったら，私はその仕事を終わらせることはできないでしょう．

■ **als ob** ＋ 接続法第Ⅱ式（＝英：*as if*）

Er tut so, **als ob** er Lehrer *wäre* (= **als** *wäre* er Lehrer).
彼はあたかも教師であるかのようにふるまいます．

ÜBUNGEN

LEKTION 15
書く・話す

A 直接話法の文を間接話法の文に書き換えましょう. 　CD-89

(1) Er sagt zu mir: „Ich komme gleich zu Ihnen, um Ihnen zu helfen."
　　「お手伝いするために，すぐにあなたのところに伺います」と彼は私に言います．

(2) Sie sagt zu uns: „Ich gehe nach Hause, denn mein Sohn ist krank."
　　「私は家に戻ります．というのも息子が病気なので」と彼女は私たちに言います．

(3) Seine Mutter sagte zu ihm: „Du hast vielleicht etwas Fieber."
　　「おまえはひょっとしたら少し熱があるのかもしれないね」と彼の母は彼に言いました．

(4) Er sagte zu ihr: „Deine Kinder haben sicher großen Hunger."
　　「君の子どもたちはきっとものすごくお腹を空かせているよ」と彼は彼女に言いました．

B 接続法第Ⅱ式を用いた文に書き換え，元の文と意味を比較しましょう． 　CD-90

(1) Wenn das Wetter heute schön ist, spiele ich mit meinem Bruder Tennis.

(2) Wenn wir heute Zeit haben, kommen wir gleich mit dem Auto zu Ihnen.

(3) Ich habe eine Bitte an dich. Ohne dich kann ich das nicht machen.

(4) Haben Sie Zeit für mich? Können Sie mir bei der Arbeit helfen?

C 必要に応じて単語を補いながら，接続法第Ⅱ式を用いた文を作りましょう． 　CD-91

(1) 彼が<u>もっと</u>勤勉<u>だったら</u>，奨学金をもらうことができるのだけれど．
　　fleißig / sein // ein Stipendium / bekommen / können

(2) ドイツ語が<u>もっと</u>上手に話<u>せたら</u>，<u>私は</u>ドイツに留学するのだけれど．
　　Deutsch / gut / sprechen / können // in Deutschland / studieren

(3) あなたの助けが<u>なかったら</u>，<u>彼らは</u>おそらく試験に合格しないでしょう．
　　Ihre Hilfe / wahrscheinlich / die Prüfung / bestehen / nicht

(4) <u>君は</u>もっとたくさん勉強したほうがいいよ．——もっとたくさん時間があったらなあ！
　　viel / arbeiten / sollen // viel / Zeit / haben / doch / !

☞ 81頁　表現＋α　[〜 LEKTION 15] 8 意見を交換する　　　　　　　　　　　　表現する

表現+α　会話表現 1

1　出会いと自己紹介　[LEKTION 1]　CD-92

① Guten Tag! Ich heiße Masao Maruyama. Und du? Wie heißt du?

こんにちは．ぼくは丸山真男というんだ．君は？　君の名前は何というの？

② Mein Name ist Max Weber. Freut mich!
— Freut mich auch!

ぼくの名前はマックス・ヴェーバー．よろしく！
—こちらこそよろしく！

③ Ich komme aus Berlin. Woher kommst du?
— Ich komme aus Tokio. Ich bin Japaner.

ぼくはベルリン出身なんだ．君の出身は？
—東京の出身なんだよ．ぼくは日本人なんだ．

④ Ich wohne in Heidelberg. Wo wohnst du?
— Jetzt wohne ich in Frankfurt.

ぼくはハイデルベルクに住んでいる．君はどこ？
—いまはフランクフルトに住んでいるんだ．

⑤ Ich studiere Soziologie. Was studierst du?
— Ich studiere Politologie.

ぼくは社会学を専攻している．君の専攻は？
—ぼくは政治学専攻なんだ．

2　趣味・家族について尋ねる　[〜 LEKTION 4]　CD-93

① Was ist dein Hobby?
— Mein Hobby ist Tennis spielen.

君の趣味は何だろう？
—私の趣味はテニスをすることです．

② Spielst du gern Fußball?
— Ich spiele lieber Tennis als Fußball.

君はサッカーをするのは好きかな？
—サッカーよりテニスのほうが好きですね．

③ Hast du Geschwister?
— Ja, ich habe eine Schwester.

君には兄弟や姉妹はいるの？
—ええ，私には姉が一人います．

④ Wie ist ihr Name?
— Ihr Name ist Lena. Sie ist 27 Jahre alt.

お姉さんは何というお名前ですか？
—レーナといいます．27歳です．

⑤ Was ist deine Schwester von Beruf?
— Sie ist Sekretärin. Sie arbeitet bei Suzuki.

お姉さんのご職業は何ですか？
—秘書です．彼女はスズキ社で働いています．

国家 Staat ／ 国民 Nation ／ 言語 Sprache

ドイツ	Deutschland	Deutscher/Deutsche	Deutsch
オーストリア	Österreich	Österreicher/Österreicherin	
スイス	die Schweiz	Schweizer/Schweizerin	
フランス	Frankreich	Franzose/Französin	Französisch
イタリア	Italien	Italiener/Italienerin	Italienisch
スペイン	Spanien	Spanier/Spanierin	Spanisch
イギリス	England	Engländer/Engländerin	Englisch
アメリカ	die USA	Amerikaner/Amerikanerin	
ロシア	Russland	Russe/Russin	Russisch
日本	Japan	Japaner/Japanerin	Japanisch
中国	China	Chinese/Chinesin	Chinesisch
韓国	Korea	Koreaner/Koreanerin	Koreanisch

学問 Wissenschaft

哲学	Philosophie	教育学	Pädagogik	数学	Mathematik
歴史	Geschichte	心理学	Psychologie	物理学	Physik
文学	Literatur	人類学	Anthropologie	工学	Technik
芸術	Kunst	社会学	Soziologie	化学	Chemie
音楽	Musik	政治学	Politologie	生物学	Biologie
英語英文学	Anglistik	法学	Jura	医学	Medizin
ドイツ学	Germanistik	経済学	Wirtschaftswissenschaften	農学	Agrarwissenschaften
日本学	Japanologie	経営学	Betriebswirtschaftslehre	地学	Geowissenschaften

職業 Beruf

大学生	Student/-in	警官	Polizist/-in
小中高校生	Schüler/-in	公務員	Beamter/-te
教師	Lehrer/-in	会社員	Angestellter/-te
教授	Professor/-in	店員	Verkäufer/-in
医師	Arzt/¨in	主夫／主婦	Hausmann/-frau
ジャーナリスト	Journalist/-in	年金生活者	Rentner/-in
エンジニア	Ingenieur/-in	労働者	Arbeiter/-in
農夫／農婦	Bauer/¨in	失業者	Arbeitsloser/-lose

家族 Familie

父	Vater
母	Mutter
兄・弟	Bruder
姉・妹	Schwester
伯父・叔父	Onkel
伯母・叔母	Tante
祖父	Großvater
祖母	Großmutter

表現+α

表現+α 会話表現 2

3 買い物に行く ［〜LEKTION 5］☞ 単語＋α ③数字表現 ● CD-94

① Guten Tag! Was wünschen Sie? いらっしゃいませ. 何をお探しでしょうか？
— Ich suche eine Bluse und einen Rock. —ブラウスとスカートを探しているのですが.

② Wie gefällt Ihnen diese Bluse? このブラウスはいかがでしょうか？
— Die gefällt mir gut. Wie viel kostet das? —気に入りました. おいくらですか？

③ Diese Bluse kostet 95,50 €. このブラウスは 95 ユーロ 50 セントになります.
— Das ist zu teuer. Haben Sie etwas anderes? —高すぎますね. 他のものはありませんか？

④ Wie finden Sie diese Bluse hier? こちらのブラウスはいかがでしょうか？
— Ich finde sie schön. Die nehme ich. —いいですね. それにします.

⑤ Was macht das zusammen? 全部でおいくらになりますか？
— 120 €. — Eine Quittung, bitte! —120 ユーロです. —領収書をお願いします.

4 予定を尋ねる ［〜 LEKTION 6］ ● CD-95

① Haben Sie an diesem Wochenende Zeit? この週末にお時間はありますか？
— Am Wochenende habe ich leider keine Zeit. —週末は残念ながら時間がありません.

② Was machen Sie denn am Samstag? 土曜はいったい何をなさるのですか？
— Ich gehe mit einem Freund ins Konzert. —友人とコンサートに行きます.

③ Wohin gehen Sie am Freitag? 金曜はどこに行くのですか？
— Ich fahre mit meinen Freunden nach Weimar. —友達と連れ立ってヴァイマルに行きます.

④ Wie fahren Sie nach Weimar? ヴァイマルにはどうやって行くのですか？
— Mit dem Zug um 10 Uhr nach Frankfurt. —10 時発フランクフルト行きの列車で行きます.

⑤ Kommen Sie bitte am Donnerstag zu uns! （では）木曜に私たちのところに来てください！
— Vielen Dank! Ich komme gerne. —どうもありがとう. 喜んでうかがいます.

場所 Ort

公共施設 an / auf

am Bahnhof	駅で	an den Bahnhof	駅へ
an der Post	郵便局で	an die Post	郵便局へ
auf dem Bahnhof	駅で	auf den Bahnhof	駅へ
auf der Post	郵便局で	auf die Post	郵便局へ

建物内部 in

im Kino	映画館で	ins Kino	映画館へ
im Kaufhaus	デパートで	ins Kaufhaus	デパートへ
im Krankenhaus	病院で	ins Krankenhaus	病院へ
im Restaurant	レストランで	ins Restaurant	レストランへ
im Museum	美術館で	ins Museum	美術館へ
in der Bibliothek	図書館で	in die Bibliothek	図書館へ
in der Kirche	教会で	in die Kirche	教会へ

海・湖・川 an

am Meer	海辺で	ans Meer	海辺へ
am See	湖畔で	an den See	湖畔へ
am Fluss	川岸で	an den Fluss	川岸へ

方向［建物］zu

zum Bahnhof	駅へ
zur Post	郵便局へ
zur Bank	銀行へ
zum Rathaus	市役所へ

方向［人・催し］zu /［地名］nach

zu mir	私のところへ
zum Arzt	医者へ
zum Bäcker	パン屋へ
zur Party	パーティへ
nach rechts/links	右／左へ
nach Deutschland	ドイツへ
in die Schweiz	スイスへ

広い空間 auf

auf dem Markt	市場で
auf dem Platz	広場で
auf der Straße	通りで

時間 Zeit ☞ 単語＋α ②基本単語

季節・月・曜日・朝晩

im Sommer	夏に
im Winter	冬に
im Augst	8月に
im Dezember	12月に
am Sonntag	日曜日に
am Montag	月曜日に
am Dienstag	火曜日に
am Morgen	朝に
am Abend	晩に

年・月・週

letztes Jahr	昨年
dieses Jahr	今年
nächstes Jahr	来年
letzten Monat	先月
diesen Monat	今月
nächsten Monat	来月
letzte Woche	先週
diese Woche	今週
nächste Woche	来週

期間・期限

vor zwei Jahren	2年前に
seit zwei Jahren	2年前から
nach zwei Jahren	2年後に
in zwei Jahren	これから2年後に
ein ganzes Jahr	丸1年
während der Ferien	休暇の間
ab morgen	明日から
auf eine Woche	1週間の予定で
bis nächste Woche	来週まで

表現+α 会話表現 3

5 食事に行く ［～LEKTION 8］ 🔘 CD-96

① Wollen wir zusammen essen gehen?　　　いっしょにご飯を食べに行かない？
— Ja, gerne! Ich habe großen Hunger.　　　—うん，喜んで！ とてもお腹が空いているんだ．

② Was möchten Sie? / Was darf es sein?　　　何になさいますか？
— Ich möchte gern das Tagesmenü.　　　—本日の定食をお願いしたいのですが．

③ Möchten Sie sonst noch etwas?　　　まだ他に何かございますか？
— Ich hätte gern noch ein Bier.　　　—ビールをもう一杯お願いします．

④ Entschuldigung! Zahlen, bitte!　　　すみません．お勘定をお願いします．
— Ja, gern. Zusammen oder getrennt?　　　—かしこまりました．ご一緒ですか，別々ですか？

⑤ Kann ich mit Kreditkarte bezahlen?　　　クレジットカードで払うことはできますか？
— Ja, kein Problem. Das macht 12 €.　　　—はい．問題ありません．12 ユーロになります．

6 計画を尋ねる ［～ LEKTION 10］ 🔘 CD-97

① Was möchtest du in den Ferien machen?　　　休暇中には何をしたいと思っているの？
— Ich will eine kurze Reise machen.　　　—ちょっと旅行に行ってくるつもりなんだ．

② Wohin willst du gehen? Ins Ausland?　　　どこへ行くつもりなの？ 外国へ行くの？
— Ich habe vor, nach Wien zu gehen.　　　—ウィーンに行ってくるつもりなんだ．

③ Wann fährst du nach Wien ab?　　　ウィーンにはいつ出発するの？
— In zwei Wochen fahre ich ab.　　　—2 週間後に出発するんだ．

④ Du freust dich schon auf die Ferien, ne?　　　いまから休暇を楽しみにしているんだね？
— Natürlich! Und hast du einen Plan?　　　—もちろん！ ところで君は何か計画はあるの？

⑤ Ich muss für die Prüfung fleißig lernen.　　　試験のために頑張って勉強しないといけないんだ．
— Das ist nicht zu ändern. Viel Erfolg!　　　—それは仕方ないね．成功を祈っているよ！

表現+α 会話表現 4

7 体験を語る ［〜LEKTION 12］ CD-98

① Was hast du in den letzten Ferien gemacht? このあいだの休暇には何をしたの？
   — Ich habe eine kurze Reise gemacht. —ちょっと旅行に行っていたんだ．

② Wo warst du? Bist du ins Ausland gefahren? どこに行っていたの？ 外国に行ったの？
   — Ich habe meinen Bruder in Köln besucht. —ケルンにいる兄を訪ねたんだよ．

③ Bist du auf den Kölner Dom gegangen? ケルン大聖堂には行ったのかな？
   — Ja, ich habe natürlich den Dom besucht. —うん，もちろん大聖堂には行ったよ．

④ Warst du zum ersten Mal in Köln? ケルンに行ったのは初めてだった？
   — Nein, ich war schon einmal in Köln. —いや，ケルンにはすでに行ったことがあるんだ．

⑤ Wie hat es dir in Köln gefallen? ケルンの印象はどうだった？
   — Sehr schön! Es gefällt mir gut in Köln. —とてもよかった！ ケルンは気に入っているんだ．

8 意見を交換する ［〜LEKTION 15］ CD-99

① Atomkraftwerke sollen abgeschafft werden. 原子力発電所は廃止するべきだと思います．
   — Kann sein. Das ist aber nicht leicht. —かもしれない．しかし簡単ではありませんよ．

② Was meinen Sie zu diesem Problem? この問題について，あなたはどう思いますか？
   — Ich meine, er hat ganz recht. —彼がまったく正しいと思います．

③ Das glaube ich nicht. Ich bin anderer Meinung. 私はそうは思いません．私は別の意見です．
   — Ich verstehe nicht, was Sie sagen. —おっしゃっていることが，私にはわかりません．

④ Man darf die Sonnenenergie nicht vergessen. 太陽エネルギーのことを忘れてはなりません．
   — Ja, genau. Das ist ein wichtiger Punkt. —そのとおりですね．それは重要な論点です．

⑤ Man sollte besser an die Zukunft denken. 将来のことを考えたほうがよいでしょうね．
   — Ja, sicher. Das wäre das Beste. —ええ，たしかに．それが一番いいでしょうね．

語法 +α ① 文法補遺

1 ──n 型の動詞

① handeln(行動する 英:*handle*), wandern(ハイキングする 英:*wander*)など.
　* -eln 型：主語 ich のとき語幹 e が落ちる. ich hand**le**
　* -ern 型：主語 ich のとき語幹 e が落ちることもある(口語). ich wand[**e**]**re**

ich wand[**e**]**re**	*wir* wand**ern**
du wand**erst**	*ihr* wand**ert**
er wand**ert**	*sie* wand**ern**	[→ *Sie* wand**ern**]

② tun(する 英:*do*)

ich tu**e**	*wir* tu**n**
du tu**st**	*ihr* tu**t**
er tu**t**	*sie* tu**n**	[→ *Sie* tu**n**]

2 使役の助動詞／知覚動詞

話法の助動詞と同じように，不定詞を文末に置いてワク構造をとる助動詞・動詞がある.

① 使役の助動詞 **lassen**：4格 に…させる・させておく

　Sie **lässt** *ihren Mann* sein Auto **waschen**.　　彼女は夫に自分の車を洗わせる.
　Sie **lässt** *ihren Mann* allein fest **schlafen**.　　彼女は夫を一人でぐっすり眠らせておく.

② 知覚動詞 **sehen, hören**：4格 が…するのを見る・聞く

　Er **sieht** *seine Frau* auf dem Sofa **liegen**.　　彼は妻がソファで寝ているのを見る.
　Er **hört** *seine Frau* in der Küche **singen**.　　彼は妻が台所で歌っているのを聞く.

✦ 使役の助動詞・知覚動詞の完了形 → 過去分詞は不定詞と同じ形となる.

　Sie **hat** *ihren Mann* lange **warten lassen**.　　彼女は夫を長いあいだ待たせた.
　Er **hat** *seine Frau* leise **lachen hören**.　　彼は妻が小声で笑うのを聞いた.

3 指示代名詞

人間や事物を直接指し示す代名詞. 格変化は定関係代名詞と同一(☞ 第14課).

　Wer ist Jürgen?　ユルゲンってどの人? ── **Der** da ist Jürgen.　あの人がユルゲンだよ.
　Welche Uhr kaufst du?　君はどの時計を買うのですか? ── **Die** nehme ich.　これにします.
　Das ist seine Mutter.　こちらが彼のお母さんです.　　＊ **das** は性・数に関係なく用いることができる.

4　自動詞の受動

受動態の原則 → 主語は能動文の4格目的語のみ（＝受動態は他動詞でつくる）．

しかし，自動詞（4格目的語をとらない動詞）で受動態をつくる場合もある．

Seine Kinder **helfen** ihm.　子どもたちが彼を助ける．

→ Es **wird** *ihm* von seinen Kindern **geholfen**.　彼は子どもたちに助けられる．

→ ［非人称 es の省略］*Ihm* **wird** von seinen Kindern **geholfen**.

Heute **arbeitet** *man* nicht.　今日は仕事が休みだ．

→ Es **wird** heute nicht **gearbeitet**. = Heute **wird** nicht **gearbeitet**.

5　比較級の用法

① 絶対比較級：比較対象がなく，単独で「比較的…な」を表わす用法．

　　ein älterer Mann　中高年の男性　☞ ein alter Mann 老齢の男性

② immer ＋比較級／比較級＋比較級：「ますます…」を表わす用法．

　　Es wird *immer wärmer* (= *wärmer und wärmer*).　だんだん暖かくなる．

6　現在分詞

現在分詞（英：—*ing*）：不定詞＋ **d**　＊例外：sein → seiend, tun → tuend

Meine Mutter kocht immer **singend**.　私の母はいつも歌いながら料理をする．

＊現在分詞で現在進行形はつくらない．現在進行形の含意は現在形で表わすことができる．

7　分詞の付加語的用法

① 過去分詞：「他動詞…された／自動詞…した」

　　ein gebrauchtes Auto　使用された自動車：中古車　＊過去分詞：gebraucht（← gebrauchen）

　　das vergangene Jahr　過ぎ去った年：去年　＊過去分詞：vergangen（← vergehen）

② 現在分詞：「…しつつある」

　　ein schlafendes Kind　眠っている子ども　＊現在分詞：schlafend（← schlafen）

＊分詞を用いれば関係文を簡潔に表現できる場合も多い．　☞ ein Kind, das schläft

語法＋α

語法+α ② 語の配置

1 語順の基本法則

① 軽(既知情報)→重(未知情報)

Was geben Sie Ihrer Schwester?　　　　妹さんに何をあげるのですか？

— Ich gebe meiner Schwester ein Wörterbuch.　妹には辞書をあげます．

Wem geben Sie dieses Wörterbuch?　　この辞書を誰にあげるのですか？

— Ich gebe dieses Wörterbuch meiner Schwester.　この辞書は妹にあげます．

② 軽(短い語句)→重(長い語句)

Morgen gibt ihr Jürgen ein Wörterbuch zu ihrem Geburtstag.
　明日ユルゲンは彼女に誕生日のお祝いで辞書をあげる．　☞名詞よりも代名詞を先に出す．

③ 時 → [原因・理由 → 様態] → 場所

Jürgen bleibt heute wegen der Krankheit allein zu Hause.
　ユルゲンは今日は病気のために一人で家にいる．

2 不定詞句の語順

✦ 不定詞句：不定詞(不定形)が名詞・前置詞句などと一つの句をつくる形．

① 名詞・前置詞句などを先に出し，不定詞をいちばん最後に置く．

Fußball spielen サッカーをする(こと)　　**nach Hause gehen** 家へ行く(こと)

② 不定詞以外の要素は，〈動詞と結びつきの強い要素〉ほど後ろに置く(軽→重)．

heute wegen der Krankheit allein **zu Hause bleiben**
　今日病気のために一人で家にいる(こと)

③ 文をつくる場合は，不定詞を定動詞に直して前から2番目に置く．

〈動詞と結びつきの強い要素〉は文末に残る．→ ワク構造と同じ形．

Jürgen **bleibt** heute wegen der Krankheit allein **zu Hause**.
　ユルゲンは今日は病気のために一人で家にいる．

④ 分離動詞についても，不定詞句の特殊ケースとして理解することができる．

aufstehen 起きる　　jeden Morgen um 9 Uhr **aufstehen** 毎朝9時に起きる

Mein Bruder **steht** jeden Morgen um 9 Uhr **auf**.　私の兄は毎朝9時に起きる．

3　nicht の位置

✦ **nicht** → 不定詞句の形のとき，否定しようとする要素の直前に置く．

① 全文否定（動詞を否定）→ **nicht** は文末に置く（文末でない事例は次項 **4** 参照）．

heute *nicht* **kommen** → Er **kommt** heute *nicht*.　　彼は今日来ない．

☞ kommen を否定 → nicht を kommen の前に置く → 不定詞を定動詞にして2番目に置く．

② 部分否定（動詞以外の要素を否定）→ **nicht** は否定する要素の直前に置く．

nicht **heute** kommen → Er kommt *nicht* **heute**.　　今日は彼は来ない．

☞ heute のみを否定（今日は来ないが明日は来る）→ nicht を heute の前に置く．

4　熟語的な動詞句の語順

✦ 特定の要素と強く結びつき，熟語のように一体となって機能する動詞句がある．

　　［名詞］　**Klavier spielen**　ピアノを弾く　　　［前置詞句］　**ins Bett gehen**　就寝する

　　［前綴り］　**abfahren**　　出発する（→分離動詞）　［形容詞］　**zufrieden sein**　満足だ

① この種の動詞句で文をつくる場合，〈動詞と結びつきの強い要素〉は文末に置く．

　　Er **spielt** nach dem Essen **Klavier**.　　　彼は食事の後にピアノを弾く．

　　Er **geht** heute um 11 Uhr **ins Bett**.　　　彼は今日11時に就寝する．

　　Er **fährt** morgen nach München **ab**.　　　彼は明日ミュンヘンへ出発する．

　　Er **ist** mit seinem Leben **zufrieden**.　　　彼は自分の生活に満足している．

☞ 助動詞を用いた文と同じような構文（→ワク構造）とみなすことができる．

　　　Er **muss** morgen nach Berlin **fahren**.　　彼は明日ベルリンに行かねばならない．

② 否定文（全文否定）の場合，〈動詞と結びつきの強い要素〉の前に **nicht** を置く．

　　Er **spielt** nach dem Essen *nicht* **Klavier**.　　彼は食事の後にピアノを弾かない．

　　Er **geht** heute um 11 Uhr *nicht* **ins Bett**.　　彼は今日11時に就寝しない．

　　Er **fährt** morgen nach München *nicht* **ab**.　　彼は明日ミュンヘンへ出発しない．

　　Er **ist** mit seinem Leben *nicht* **zufrieden**.　　彼は自分の生活に満足してはいない．

著者紹介
上野成利（うえの　なりとし）
神戸大学教授

本田雅也（ほんだ　まさや）
関東学院大学非常勤講師

パノラマ　初級ドイツ語ゼミナール［三訂版］（CD付）

2018年 3 月10日　第 1 刷発行
2025年 3 月10日　第13刷発行

著　者 ©　上　野　成　利
　　　　　本　田　雅　也
発行者　　岩　堀　雅　己
印刷所　　幸和印刷株式会社

発行所　101-0052東京都千代田区神田小川町3の24
　　　　電話 03-3291-7811（営業部），7821（編集部）　株式会社 白水社
　　　　www.hakusuisha.co.jp
　　　　乱丁・落丁本は、送料小社負担にてお取り替えいたします。

振替 00190-5-33228　　　　　　　　　　　　株式会社ディスカバリー
ISBN978-4-560-06420-7
Printed in Japan

▷本書のスキャン、デジタル化等の無断複製は著作権法上での例外を
除き禁じられています。本書を代行業者等の第三者に依頼してスキャン
やデジタル化することはたとえ個人や家庭内での利用であっても著
作権法上認められていません。

◆ 独和と和独が一冊になったハンディな辞典 ◆

パスポート独和・和独小辞典

諏訪 功［編集代表］　太田達也／久保川尚子／境 一三／三ッ石祐子［編集］

独和は見出し語数1万5千の現代仕様．新旧正書法対応で，発音はカタカナ表記．和独5千語は新語・関連語・用例も豊富．さらに図解ジャンル別語彙集も付く．学習や旅行に便利．　（2色刷）B小型　557頁　定価3520円（本体3200円）

入門書・初級文法書

ドイツ語のしくみ《新版》
清野智昭 著
B6変型 146頁 定価1430円（本体1300円）

言葉には「しくみ」があります．まず大切なのは全体を大づかみに理解すること．最後まで読み通すことができる画期的な入門書！

気軽にはじめる すてきなドイツ語
清水紀子 著　　　（2色刷）［増補新版］
四六判 136頁 定価(本体1900円＋税)

ドイツ語って，どの本も何だか難しそう……というあなたへ．必要なことだけをやさしくまとめたこの本で，気楽に始めてみませんか？ 音声無料ダウンロード．

解説がくわしいドイツ語入門
岡本順治 著　　　（2色刷）［音声DL版］
A5判 204頁 定価(本体2500円＋税)

初学者向けの懇切丁寧な文法解説，コラム，質問集などをもとに，ドイツ語の仕組みや表現を「理解・体感・習慣化する」ための入門書．

スタート！ ドイツ語A1
岡村りら／矢羽々崇／山本淳／渡部重美／
アンゲリカ・ヴェルナー 著（2色刷）【CD付】
A5判 181頁 定価2420円（本体2200円）

買い物や仕事，身近なことについて，簡単な言葉でコミュニケーションすることができる．全世界共通の語学力評価基準にのっとったドイツ語入門書．全18ユニット．音声無料ダウンロード．

スタート！ ドイツ語A2
岡村りら／矢羽々崇／山本淳／渡部重美／
アンゲリカ・ヴェルナー 著（2色刷）
A5判 190頁 定価2640円（本体2400円）

短い簡単な表現で身近なことを伝えられる．話す・書く・聞く・読む・文法の全技能鍛える，新たな言語学習のスタンダード（ヨーロッパ言語共通参照枠）準拠．音声無料ダウンロード．

必携ドイツ文法総まとめ（改訂版）
中島悠爾／平尾浩三／朝倉 巧著（2色刷）
B6判 172頁　定価1760円（本体1600円）

初・中級を問わず座右の書！　初学者の便を考え抜いた文法説明や変化表に加え，高度の文法知識を必要とする人の疑問にも即座に答えるハンドブック．

1日15分で基礎から中級までわかる
みんなのドイツ語
荻原耕平／畠山寛著（2色刷）
A5判　231頁　定価2420円（本体2200円）

大きな文字でドイツ語の仕組みを1から解説．豊富な例文と簡潔な表でポイントが一目でわかる．困ったときに頼りになる一冊．

問題集

書き込み式 ドイツ語動詞活用ドリル
櫻井麻美 著
A5判 175頁 定価1320円（本体1200円）

動詞のカタチを覚えることがドイツ語学習の基本．この本はよく使う基本動詞，話法の助動詞のすべての活用を網羅した初めての1冊．

ドイツ語練習問題3000題（改訂新版）
尾崎盛景／稲田 拓 著
A5判 194頁 定価1980円（本体1800円）

ドイツ語の基本文法，作文，訳読をマスターするための問題集．各課とも基礎問題，発展問題，応用問題の3段階式で，学習者の進度に合わせて利用可能．

単語集

ドイツ語 A1/A2 単語集
三ッ木道夫／中野英莉子 著
A5判 218頁 定価2640円（本体2400円）

全見出し語に例文付き．略語，家族などの必須実用語彙とABC順の実践単語をもとに，日常生活に必要な基本語彙が効率的に身につく．

例文活用　ドイツ重要単語4000
（改訂新版）羽鳥重雄／平塚久裕 編（2色刷）
B小型 206頁 定価2200円（本体2000円）

abc順配列の第一部では使用頻度の高い簡明な例文を付し，第二部では基本語・関連語を45場面ごとにまとめて掲げました．初級者必携．

検定対策

独検対策 4級・3級問題集（五訂版）
恒吉良隆 編著
　A5判 200頁 定価2530円（本体2300円）

実際の過去問を通して出題傾向を掴み，ドイツ語力を総合的に高める一冊．聞き取り対策も音声無料ダウンロードで万全．

新 独検対策4級・3級必須単語集
森 泉／クナウプ ハンス・J 著【CD2枚付】
四六判 223頁 定価2530円（本体2300円）

独検4級・3級に必要な基本単語が300の例文で確認できます．付属CDには各例文のドイツ語と日本語を収録．聞き取り練習も用意．

重版にあたり，価格が変更になることがありますので，ご了承ください．

不規則変化動詞

不定詞	過去基本形	過去分詞	直説法現在	接続法 II
befehlen 命じる	**befahl**	**befohlen**	ich befehle du befiehlst er befiehlt	beföhle/ befähle
beginnen 始める, 始まる	**begann**	**begonnen**		begänne/ 稀 begönne
beißen 噛む	**biss** du bissest	**gebissen**		bisse
biegen 曲がる(s); 曲げる(h)	**b**o**g**	**geb**o**gen**		böge
bieten 提供する	**b**o**t**	**geb**o**ten**		böte
binden 結ぶ	**band**	**gebunden**		bände
bitten 頼む	**b**a**t**	**gebeten**		bäte
blasen 吹く	**blies**	**gebl**a**sen**	ich bl**a**se du bl**ä**st er bl**ä**st	bliese
bleiben とどまる(s)	**blieb**	**geblieben**		bliebe
braten (肉を)焼く	**briet**	**gebr**a**ten**	ich br**a**te du br**ä**tst er br**ä**t	briete
brechen 破れる(s); 破る(h)	**br**a**ch**	**gebrochen**	ich breche du brichst er bricht	bräche
brennen 燃える, 燃やす	**brannte**	**gebrannt**		brennte
bringen もたらす	**brachte**	**gebracht**		brächte
denken 考える	**dachte**	**gedacht**		dächte
dringen 突き進む(s)	**drang**	**gedrungen**		dränge

不定詞	過去基本形	過去分詞	直説法現在	接続法 II
dürfen …してもよい	**durfte**	**gedurft**/ **dürfen**	ich darf du darfst er darf	dürfte
empfehlen 勧める	**empfahl**	**empfohlen**	ich empfehle du empfiehlst er empfiehlt	empföhle/ empfähle
essen 食べる	**aß**	**gegessen**	ich esse du isst er isst	äße
fahren (乗物で)行く (s, h)	**fuhr**	**gefahren**	ich fahre du fährst er fährt	führe
fallen 落ちる(s)	**fiel**	**gefallen**	ich falle du fällst er fällt	fiele
fangen 捕える	**fing**	**gefangen**	ich fange du fängst er fängt	finge
finden 見つける	**fand**	**gefunden**		fände
fliegen 飛ぶ(s, h)	**flog**	**geflogen**		flöge
fliehen 逃げる(s)	**floh**	**geflohen**		flöhe
fließen 流れる(s)	**floss**	**geflossen**		flösse
fressen (動物が)食う	**fraß**	**gefressen**	ich fresse du frisst er frisst	fräße
frieren 寒い, 凍る (h, s)	**fror**	**gefroren**		fröre
geben 与える	**gab**	**gegeben**	ich gebe du gibst er gibt	gäbe
gehen 行く(s)	**ging**	**gegangen**		ginge
gelingen 成功する(s)	**gelang**	**gelungen**	es gelingt	gelänge
gelten 通用する	**galt**	**gegolten**	ich gelte du giltst er gilt	gälte/ gölte

不定詞	過去基本形	過去分詞	直説法現在	接続法 II
genießen 楽しむ	**genoss** du genossest	**genossen**		genösse
geschehen 起こる(s)	**geschah**	**geschehen**	es geschieht	geschähe
gewinnen 得る	**gewann**	**gewonnen**		gewönne/ gewänne
gießen 注ぐ	**goss** du gossest	**gegossen**		gösse
gleichen 等しい	**glich**	**geglichen**		gliche
graben 掘る	**gr<u>u</u>b**	**gegr<u>a</u>ben**	ich gr<u>a</u>be du gr<u>ä</u>bst er gr<u>ä</u>bt	gr<u>ü</u>be
greifen つかむ	**griff**	**gegriffen**		griffe
haben 持っている	**hatte**	**geh<u>a</u>bt**	ich h<u>a</u>be du hast er hat	hätte
halten 保つ	**hielt**	**gehalten**	ich halte du hältst er hält	hielte
hängen 掛かっている	**hing**	**gehangen**		hinge
heben 持ちあげる	**h<u>o</u>b**	**gehoben**		höbe
heißen …と呼ばれる	**hieß**	**geheißen**		hieße
helfen 助ける	**half**	**geholfen**	ich helfe du hilfst er hilft	hülfe/ 稀 hälfe
kennen 知っている	**kannte**	**gekannt**		kennte
klingen 鳴る	**klang**	**geklungen**		klänge
kommen 来る(s)	**k<u>a</u>m**	**gekommen**		k<u>ä</u>me

不定詞	過去基本形	過去分詞	直説法現在	接続法 II
können …できる	**konnte**	**gekonnt/ können**	ich kann du kannst er kann	könnte
kriechen はう (s)	**kroch**	**gekrochen**		kröche
laden 積む	**lud**	**geladen**	ich lade du lädst er lädt	lüde
lassen …させる, 放置する	**ließ**	**gelassen/ lassen**	ich lasse du lässt er lässt	ließe
laufen 走る, 歩く (s, h)	**lief**	**gelaufen**	ich laufe du läufst er läuft	liefe
leiden 苦しむ	**litt**	**gelitten**		litte
leihen 貸す, 借りる	**lieh**	**geliehen**		liehe
lesen 読む	**las**	**gelesen**	ich lese du liest er liest	läse
liegen 横たわっている	**lag**	**gelegen**		läge
lügen 嘘をつく	**log**	**gelogen**		löge
meiden 避ける	**mied**	**gemieden**		miede
messen 計る	**maß**	**gemessen**	ich messe du misst er misst	mäße
mögen 好む	**mochte**	**gemocht/ mögen**	ich mag du magst er mag	möchte
müssen …しなければ ならない	**musste**	**gemusst/ müssen**	ich muss du musst er muss	müsste
nehmen 取る	**nahm**	**genommen**	ich nehme du nimmst er nimmt	nähme
nennen 名づける	**nannte**	**genannt**		nennte

不定詞	過去基本形	過去分詞	直説法現在	接続法 II
preisen 称賛する	**pries**	**gepriesen**		priese
raten 助言する	**riet**	**geraten**	ich rate du rätst er rät	riete
reißen 裂ける(s); 裂く(h)	**riss** du rissest	**gerissen**		risse
reiten 馬で行く(s, h)	**ritt**	**geritten**		ritte
rennen 駆ける(s)	**rannte**	**gerannt**		rennte
riechen におう	**roch**	**gerochen**		röche
rufen 呼ぶ, 叫ぶ	**rief**	**gerufen**		riefe
schaffen 創造する	**schuf**	**geschaffen**		schüfe
scheiden 分ける	**schied**	**geschieden**		schiede
scheinen 輝く, …に見える	**schien**	**geschienen**		schiene
schelten 叱る	**schalt**	**gescholten**	ich schelte du schiltst er schilt	schölte
schieben 押す	**schob**	**geschoben**		schöbe
schießen 撃つ, 射る	**schoss** du schossest	**geschossen**		schösse
schlafen 眠る	**schlief**	**geschlafen**	ich schlafe du schläfst er schläft	schliefe
schlagen 打つ	**schlug**	**geschlagen**	ich schlage du schlägst er schlägt	schlüge
schließen 閉じる	**schloss** du schlossest	**geschlossen**		schlösse

不定詞	過去基本形	過去分詞	直説法現在	接続法 II
schneiden 切る	schnitt	geschnitten		schnitte
*er*schrecken 驚く	erschrak	erschrocken	ich erschrecke du erschrickst er erschrickt	erschräke
schreiben 書く	schrieb	geschrieben		schriebe
schreien 叫ぶ	schrie	geschrie[e]n		schriee
schreiten 歩む(s)	schritt	geschritten		schritte
schweigen 黙る	schwieg	geschwiegen		schwiege
schwimmen 泳ぐ(s, h)	schwamm	geschwommen		schwömme/ schwämme
schwören 誓う	schwor	geschworen		schwüre/ 稀 schwöre
sehen 見る	sah	gesehen	ich sehe du siehst er sieht	sähe
sein ある, 存在する	war	gewesen	直説法現在　　接続法 I ich bin　　sei du bist　　sei[e]st er ist　　　sei wir sind　　seien ihr seid　　seiet sie sind　　seien	wäre
senden 送る	sandte/ sendete	gesandt/ gesendet		sendete
singen 歌う	sang	gesungen		sänge
sinken 沈む(s)	sank	gesunken		sänke
sitzen 座っている	saß	gesessen		säße
sollen …すべきである	sollte	gesollt/ sollen	ich soll du sollst er soll	sollte

不定詞	過去基本形	過去分詞	直説法現在	接続法II
sprechen 話す	**spr__a__ch**	**gesprochen**	ich spreche du sprichst er spricht	spräche
springen 跳ぶ(s, h)	**sprang**	**gesprungen**		spränge
stechen 刺す	**st__a__ch**	**gestochen**	ich steche du stichst er sticht	stäche
stehen 立っている	**stand**	**gestanden**		stünde/ stände
stehlen 盗む	**stahl**	**gestohlen**	ich stehle du stiehlst er stiehlt	stähle/ 稀 stöhle
steigen 登る(s)	**stieg**	**gestiegen**		stiege
sterben 死ぬ(s)	**starb**	**gestorben**	ich sterbe du stirbst er stirbt	stürbe
sto__ß__en 突く(h); ぶつかる(s)	**stieß**	**gesto__ß__en**	ich stoße du st__ö__ßt er st__ö__ßt	stieße
streichen なでる	**strich**	**gestrichen**		striche
streiten 争う	**stritt**	**gestritten**		stritte
tr__a__gen 運ぶ	**tr__u__g**	**getr__a__gen**	ich trage du trägst er trägt	trüge
treffen 出会う	**tr__a__f**	**getroffen**	ich treffe du triffst er trifft	träfe
treiben 駆りたてる	**trieb**	**getrieben**		triebe
tr__e__ten 踏む(h); 歩む(s)	**tr__a__t**	**getr__e__ten**	ich trete du trittst er tritt	träte
trinken 飲む	**trank**	**getrunken**		tränke
t__u__n する, 行う	**t__a__t**	**get__a__n**		täte

不定詞	過去基本形	過去分詞	直説法現在	接続法 II
verderben だめになる(s); だめにする(h)	**verdarb**	**verdorben**	ich verderbe du verdirbst er verdirbt	verdürbe
vergessen 忘れる	**vergaß**	**vergessen**	ich vergesse du vergisst er vergisst	vergäße
verlieren 失う	**verlor**	**verloren**		verlöre
wachsen 成長する(s)	**wuchs**	**gewachsen**	ich wachse du wächst er wächst	wüchse
waschen 洗う	**wusch**	**gewaschen**	ich wasche du wäschst er wäscht	wüsche
weisen 指示する	**wies**	**gewiesen**		wiese
wenden 向きを変える	**wandte/ wendete**	**gewandt/ gewendet**		wendete
werben 募集する	**warb**	**geworben**	ich werbe du wirbst er wirbt	würbe
werden …になる(s)	**wurde**	**geworden/ 受動 worden**	ich werde du wirst er wird	würde
werfen 投げる	**warf**	**geworfen**	ich werfe du wirfst er wirft	würfe
wiegen 重さを量る	**wog**	**gewogen**		wöge
wissen 知っている	**wusste**	**gewusst**	ich weiß du weißt er weiß	wüsste
wollen 欲する	**wollte**	**gewollt/ wollen**	ich will du willst er will	wollte
ziehen 引く(h); 移動する(s)	**zog**	**gezogen**		zöge
zwingen 強制する	**zwang**	**gezwungen**		zwänge

PANORAMA Deutsch Ver.3.0

追加練習問題

白水社

LEKTION 1 〈追加練習問題〉

A 冒頭の単語に続けて【 】の単語を適切に用い，文を作りましょう．

(1) Wir 私たちは　【 Deutsch ドイツ語を　lernen 学ぶ 】

(2) Sie 彼らは　【 aus Tokio 東京から　kommen 来る（出身だ） 】

(3) Er 彼は　【 Geige バイオリンを　spielen 弾く 】

B 動詞を適切な形に直して下線部に入れましょう．

(1) arbeiten：＿＿＿ du in Berlin?　— Ja, ich ＿＿＿ in Berlin.

(2) sein：＿＿＿ ihr Japaner?　— Nein, wir ＿＿＿ Koreaner.

(3) sein：＿＿＿ du müde?　— Nein, ich ＿＿＿ nicht müde.

C 日本語をドイツ語に直しましょう．

(1) あなたはなんという名前ですか？ — 私は香川真司といいます．

(2) 君は日本から来たの？ — はい，日本から来ました．

(3) 君たちは何を専攻していますか？ — 私たちは法学（Jura）を専攻しています．

(4) 今晩，ハンナがベルリンに来ます．私たちはベルリンでビールを飲みます．

(5) 私は東京の大学生です．バイオリンを弾くのが好きです．

LEKTION 2 〈追加練習問題〉

A 点線部に語尾（不要なら△）を,（　）に人称代名詞を入れましょう.

[Das ist 1格 .　それ（これ）は〜だ]

(1) Das ist ein＿＿＿ Kuchen.　D＿＿＿ Kuchen ist klein.　(　) ist gut.

(2) Das ist ein＿＿＿ Mutter.　D＿＿＿ Mutter ist jung.　(　) hat ein Kind.

(3) Das ist ein＿＿＿ Glas.　D＿＿＿ Glas ist neu.　(　) ist teuer.

B 下線部の動詞を適切な形にし，点線部に語尾を入れましょう（不要なら△）.

(1) Ich <u>haben</u> ein＿＿＿ Kind.　Ich liebe d＿＿＿ Kind sehr.

(2) Der Student <u>haben</u> ein＿＿＿ Tasse.　Er liebt d＿＿＿ Tasse.

(3) Wir <u>haben</u> ein＿＿＿ Bruder.　Wir danken d＿＿＿ Bruder.

(4) Lena <u>haben</u> ein＿＿＿ Tochter.　Sie kauft d＿＿＿ Tochter ein Buch.

C 日本語をドイツ語に直しましょう.

(1) あなたにはきょうだいがいますか？ ― はい，私には姉が1人います.

(2) 君たちはその本を持っていますか？ ― はい，私たちはその本を持っています.

(3) その女子学生は車を1台持っています． ― それは高価なものですか？

(4) 君たちは明日，時間がありますか？ ― はい，私たちは明日，時間があります．

(5) その子どもの父親は背が高い（＝大きい）．彼はとても忙しい．

LEKTION 3 〈追加練習問題〉

A 次の動詞を人称変化させて，下線部に入れましょう．

(1) lernen :　　　Du _____ fleißig.

(2) warten :　　　Du _____ hier.

(3) essen :　　　Du _____ schnell.

(4) geben :　　　Du _____ dem Kind den Kuchen.

B 次の動詞を du にたいする命令形にして，下線部に入れましょう．

(1) lernen :　　　_____ fleißig!

(2) warten :　　　_____ hier!

(3) essen :　　　_____ schnell!

(4) geben :　　　_____ dem Kind den Kuchen!

C 日本語をドイツ語に直しましょう．

(1) 彼はベルリンを訪ね，そこでカレーソーセージ（eine Currywurst）を食べます．

(2) 彼女は明日１０時にフランクフルトへ行きます．

(3) 彼は毎日一冊の本を読みます．

(4) その子どもはぐっすり寝ています．母親がその子を見ています．

(5) 静かにしてください！ 小声で（leise）話してください！（Sie にたいして）

LEKTION 4 〈追加練習問題〉

A 点線部に適切な定冠詞類を入れましょう．

(1) welcher, dieser : ＿＿＿ Brot isst du ?　Ich esse ＿＿＿ Brot.

(2) welcher, dieser : ＿＿＿ Wurst kaufen Sie?　Ich kaufe ＿＿＿ Wurst.

(3) dieser, jeder : ＿＿＿ Lehrer kauft ＿＿＿ Kind einen Kuchen.

(4) aller, dieser : ＿＿＿ Kinder trinken gern ＿＿＿ Saft.

B 点線部に適切な不定冠詞類を入れましょう．

(1a) そちらは<u>彼の</u>息子さんですか？　　Ist das ＿＿＿ Sohn?

(1b) いいえ，彼には息子は<u>いません</u>．　　Nein, er hat ＿＿＿ Sohn.

(2a) <u>君たちの母親</u>は背が高いですか？　　Ist ＿＿＿ Mutter groß?

(2b) いいえ，<u>私たちの母</u>は小さいです．　　Nein, ＿＿＿ Mutter ist klein.

C 日本語をドイツ語に直しましょう．

(1) どの机をあなたは息子さんに買ってあげるのですか？ ― 息子にはこの机を買います．

(2) どの花を彼は彼の妻にあげるのですか？ ― 彼は彼の妻にこの花をあげます．

(3) 君は明日，時間がありますか？ ― いいえ，私は明日，時間がありません．

(4) 私は彼らの家をとてもすてきだと思います．

(5) 君はどの本を読むのが好きですか？ ― 私はこの本を読むのが好きです．

LEKTION 5 〈追加練習問題〉

A ☐の名詞を複数形に直し，下線部の動詞を適切な形にしましょう．

(1) Das Auto fährt schnell. → それらの車は速く走る．

(2) Der Student trifft die Studentin. → その男子学生たちはその女子学生たちと会う．

(3) Deine Schwester nimmt meine Hand. → 君の姉たちが私の手を握る．

B 下線部の名詞を人称代名詞に置き換えて，全文を書き直しましょう．

(1) Meine Tochter findet das Buch interessant.

(2) Meine Brüder geben mir diese Uhr.　Ich danke meinen Brüdern.

(3) Ich schenke meinem Vater diese Blumen.

C 日本語をドイツ語に直しましょう．

(1) 私の父は私の子どもたちにこれらの本を買ってくれる．私は彼に感謝している．

(2) 私の子どもたちは私の父を愛している．彼らは彼のことを進んで助ける．

(3) 誰にあなたはそのワインを贈るのですか？ ―　（それを）私の妻に贈ります．

(4) 彼の姉は彼の子どもたちにこれらの本を与える．

(5) 私は彼にこの花を買う．彼はこれらの本を買い，それを私にくれる (geben)．

LEKTION 6 〈追加練習問題〉

A 次の前置詞から適切なものを選んで点線部に入れ，文を日本語にしましょう．

【 ohne,　gegen,　aus,　wegen,　nach 】

(1) .... des Regens geht der Hund nicht .... dem Haus.

(2) .... seine Eltern kommt das Kind .... Deutschland.

(3) Ein Auto fährt schnell .... den Wind.

B 点線部に適切な冠詞の語尾を入れましょう．

(1) Sein Haus steht neben d............ Park.

(2) Unsere Tochter steht zwischen d............ Blumen.

(3) Vor d............ Bibliothek stellt er sein Fahrrad.

C 日本語をドイツ語に直しましょう．

(1) 授業の前に，彼は友人たちといっしょにその (男の) 先生のところへ行きます．

(2) 試験の後に，彼は彼女といっしょに映画を観に行きます．

(3) 週末にはどこに行くのですか？　― 私は父とその湖へ行きます．

(4) 彼は (その) カップ (Tasse f.) を彼の妻の前に置く．

(5) 一匹の猫がベッドで寝ている．窓際には (複数の) 花が置いてある．

LEKTION 7 〈追加練習問題〉

A 【　】の文（下線部）を参考にして，点線部に適切な形容詞語尾を入れましょう．

(1) 【 Ich trinke gern diesen Saft. 】　Ich trinke gern kalt_____ Saft.

(2) 【 Sie kauft dieses Auto. 】　　Sie kauft ein rot_____ Auto.

(3) 【 Dieser Vater ist groß. 】　　Sein groß_____ Vater isst viel.

B 点線部に適切な形容詞語尾を入れましょう．

(1) Eine jung_____ Frau steht vor dem schwarz_____ Auto.

(2) Sie kauft ihrem alt_____ Vater rot_____ Blumen.

(3) Der Vater des klein_____ Kindes gibt ihm warm_____ Milch.

(4) In diesem neu_____ Haus wohnt sein alt_____ Onkel.

C 日本語をドイツ語に直しましょう．

(1) １人の大柄な（groß）男性が，ある美しい絵を観ています．

(2) その日本人の女子学生は，古い時計を１つ持っています．

(3) 彼女は自分の小さな子どもたちに，赤いリンゴ（Apfel *m.*）を１つ手渡します．

(4) その行儀のよい（gut）子は，たくさんのおもしろい本を読んでいます．

(5) 私は私の新しい自転車で，その大きな公園を通って行きます．

LEKTION 8 〈追加練習問題〉

A 冒頭の単語に続けて，【 】の単語を適切に使って文を作りましょう．

(1) Du 【heute 今日　deine Mutter お母さんを　helfen 手伝わ　müssen ねばならない】

(2) Ich 【morgen 明日　an den See 湖畔に　fahren 行く　wollen つもりだ】

(3) Meine Tochter【schon もう　Bier ビールを　trinken 飲む　können ことができる】

B 話法の助動詞を加えてドイツ語文を書き換えましょう．

(1) sollen:　Du machst das nicht.

(2) möchte:　Ich trinke Kaffee mit Milch.

(3) dürfen:　Öffne ich das Fenster?

C 日本語をドイツ語に直しましょう．

(1) あなたはあそこのデパート（das Kaufhaus dort）が見えますか？

(2) 授業の前に，彼女は私たちのところにやって来るはずです．

(3) 君は明日どこへ行くつもりですか？ ― 映画を観に行きたいですね．

(4) 彼のガールフレンドは青い（blau）目をしているそうだ．

(5) （君は）今晩，私のところに来ていいよ．

LEKTION 9 〈追加練習問題〉

A 冒頭の単語に続けて，【　】の単語を適切に使って文を作りましょう．

(1) Hanna 【morgen 明日　von einer Reise 旅行から　zurückkommen 帰ってくる】

(2) Seine Frau 【das Fenster 窓を　zumachen 閉める】

(3) Max 【morgen 明日　die Familie その家族を　besuchen 訪ねる】

B [　] の接続詞を用いて，前文と後文をつなげましょう．

(1) Ich weiß.　Ich weiß nichts．[dass]　(nichts ＝ 英：nothing)

(2) Ich kann leider nicht zur Party gehen.　Ich habe keine Zeit．[weil]

(3) Meine Katze kommt sofort.　Ich mache die Tür auf．[wenn]

C 日本語をドイツ語に直しましょう．

(1) どうすれば，わたしはいい成績がとれますか？ ─ 一所懸命勉強しなくては．

(2) なぜ，あなたは毎朝早く起きているのですか？ ─ 健康でいたいからです．

(3) 彼は，医者になるつもりだと言っています．

(4) 彼女が何を飲むのが好きか，（あなたは）ご存じですか？

(5) 誰が毎朝，その窓を開けているのか，私は知りません．

LEKTION 10 〈追加練習問題〉

A 前の文に，【 】の単語を適切に使った zu 不定詞句を続けましょう．

(1) Es ist sehr interessant, 【 deutsch / Bücher / lesen 】

_____

(2) Ich habe vor, 【 nächste Woche / nach Deutschland / fliegen 】

_____

(3) Ich habe keine Zeit, 【 zu / die Bank / gehen 】

_____

B （ ）に適切な再帰代名詞を入れて，文を日本語にしましょう．

(1) Setzen Sie (　　　　) bitte auf das Sofa!

_____

(2) Hanna wäscht (　　　　) jeden Morgen die Haare.

_____

(3) Wir freuen (　　　　) über die gute Nachricht.

_____

C 日本語をドイツ語に直しましょう．

(1) 彼と映画に行く気なんて，私にはまったくありません．

_____

(2) ぼくは週末にガールフレンドと会う予定です．

_____

(3) 食事の前に，彼は自己紹介をしなければなりません．

_____

(4) 仕事の後で冷えたビールを飲むために，私は一所懸命働いている．

_____

(5) （数人の子どもに向かって）手を洗いなさい！

_____

LEKTION 11 〈追加練習問題〉

A 現在形の文を過去形の文に書き換えましょう．

(1) Ich danke ihm für seine Hilfe.

(2) Er sagt mir kein Wort.

(3) Wir kaufen unserer Tochter eine schöne Blume.

B 現在形の文を過去形の文に書き換えましょう．

(1) In Deutschland isst er jeden Morgen Brötchen.

(2) Ich kenne die japanische Studentin noch nicht.

(3) Wir sind müde und haben großen Hunger.

C 日本語をドイツ語に直しましょう．

(1) 先月，彼女は一通の手紙を父から受け取った．

(2) 彼らは，毎朝早く起きねばならなかった．

(3) そのバスが出発したとき，彼女はまだ家にいた．

(4) 私が子どもだったころ，いつもその女の子と遊んでいた．

(5) 君は昨日，私に電話する時間がなかったの？

LEKTION 12 〈追加練習問題〉

A 現在形の文を現在完了形の文に書き換えましょう.

(1) Was kaufen Sie? ― Ich kaufe ein iPhone.

(2) Wer bringt den Gast zum Bahnhof?

(3) Wann kommst du zurück? ― Ich komme gestern zurück.

(4) Um wie viel Uhr steht ihr auf? ― Wir stehen um 7 Uhr auf.

B 自動詞や非人称表現を用いて，ドイツ語の文を作りましょう.

(1) バウハウス博物館はどこにありますか？

(2) あなたはその博物館が気に入っていますか？

(3) この古い時計は誰のものですか？

C 日本語をドイツ語に直しましょう（現在完了形で）.

(1) 私たちはこちらのホテルに（in Ihrem Hotel）部屋を予約してあります.

(2) 昨日の晩，ぼくは食べ過ぎて（zu viel essen）しまった.

(3) 昨日はたくさん（viel）雪が降った.

(4) 試験を受けるために，私たちはその町へ行った（fahren）.

(5) 試験の後で私たちは喫茶店に行き（ins Café gehen），たくさん話をした.

LEKTION 13 〈追加練習問題〉

A 下線部の単語を主語にし，単語を適切に使って受動態の文を作りましょう．

(1) <u>die Kartoffel</u> / 1630 / nach Deutschland / bringen （過去形で）

(2) <u>mein Fahrrad</u> / morgen / reparieren

(3) <u>dieses Buch</u> / von vielen Leuten（人びと，複数）/ lesen

B 下線部の形容詞・副詞を，適切な比較級・最上級の形に直しましょう．

(1) Mein Bruder ist vier Jahre <u>alt</u> als ich.

(2) Die Tschechen（チェコ人）trinken <u>viel</u> Bier in der Welt.

(3) Das ist das <u>interessant</u> Buch von Michael Ende.

C 日本語をドイツ語に直しましょう．

(1) 1954 年に東京はゴジラ（Godzilla）によって破壊された．

(2) 雨の場合でもサッカー（無冠詞で）は行われます（spielen）．

(3) その小説（Roman m.）はミヒャエル・エンデによって書かれました．

(4) 彼の父は濃いコーヒーを飲むのがなによりも好きでした（現在完了形で）．

(5) ツークシュピッツェ（die Zugspitze）はドイツで最も高い山（Berg m.）だ．

LEKTION 14 〈追加練習問題〉

A （　）に適切な定関係代名詞を入れましょう．

(1) Jetzt lese ich das Buch, (　　) mein Vater mir gekauft hat.

(2) Die Häuser, (　　) in dieser Stadt stehen, haben rote Dächer（屋根）．

(3) Der Unterricht, (　　) ich besuche, interessiert mich.

(4) Die Stadt, in (　　) wir gestern übernachtet haben, heißt Weimar.

B 下線部の語を先行詞として，前文と後文を定関係代名詞でつなげましょう．

(1) Sie ist die Tochter eines Lehrers. Er ist aus Deutschland gekommen.

(2) Die Tasche gehört mir. Sie steht auf dem Tisch.

(3) Das Kind schläft gut. Mit ihm habe ich Fußball gespielt.

C 日本語をドイツ語にしましょう．

(1) 私が明日訪ねるつもりの伯母は，医者です．

(2) 君は，彼女が昨日買ってきたスカートをどう思う？

(3) 彼は，彼のことを手伝ってくれた学生（男性）に感謝している．

(4) 黒髪で茶色い目をした1人の女性が，窓際に（am Fenster）立っている．

(5) 今晩，もはや力の残っていない母の代わりに，私が食事を作る（kochen）．

LEKTION 15 〈追加練習問題〉

A 下線部の動詞・助動詞を接続法第Ⅰ式に直しましょう．

(1) Er sagte mir, er <u>haben</u> keine Zeit, mit mir ins Kino zu gehen.

_____

(2) Mein Lehrer sagt, Rothenburg <u>sein</u> die schönste Stadt in Deutschland.

_____

(3) Der Lehrer der Studentin fragte sie, was sie gern <u>lesen</u>.

_____

B 下線部の動詞・助動詞を接続法第Ⅱ式に直しましょう．

(1) Was <u>werden</u> du machen, wenn du Millionär <u>sein</u>?

_____

(2) Wenn ich viel Geld <u>haben</u>, <u>werden</u> ich eine Weltreise machen.

_____

(3) <u>Können</u> Sie mir sagen, wo das Bauhaus-Museum ist?

_____

C 日本語をドイツ語にしましょう．

(1) もっと時間があったら，たくさん本が読めるのに．（wenn, können を使って）

_____

(2) こんなに（so）眠く（müde）なければ，私はもっとワインを飲むのになあ．

_____

(3) お城はどこにあるか，教えていただけますか？

_____

(4) 丸パン（Brötchen）を2ついただきたいのですが．（haben, gern を使って）

_____

(5) 彼女は何でも（alles）知っているかのようにふるまいます．

_____